북한의 언어
: 소통과 불통 사이의 남북언어

Langue and Parole of North Korea

이 책은 2009년 정부(교육과학기술부)의 재원으로
한국연구재단의 지원을 받아 수행된 연구임(NRF-2009-361-A00008)

■ 전영선 지음

건국대학교 통일인문학연구단 HK연구교수, 콘텐츠개발팀장. 한양대학교에서 국어국문학을 전공하고, 동대학원에서 문학박사학위를 받았다. 『코리언의 생활문화』, 『북한 문학예술의 장르론적 이해』, 『문화로 읽는 북한』, 『북한의 대중문화』, 『북한 민족문화정책의 이론과 현장』 등의 저서가 있으며, 겨레말큰사전 남북공동편찬위원회 이사, 민화협 정책위원, 통일준비위원회 전문위원(사회문화 분야)으로 활동하고 있다.

■ 건국대학교 통일인문학연구단 기획

건국대학교 통일인문학연구단은 통일문제에 대한 인문학적 성찰과 지혜를 모으고자 '소통·치유·통합의 통일인문학'을 아젠다로 출범한 통일인문학연구기관으로 2008년 3월 건국대학교 인문학연구원 소속 문과대학교수의 자발적 모임으로 출범하였다. 2009년 한국연구재단의 인문한국(HK)지원사업에 선정되면서 연구체계를 본격화하였다. 통일인문학 관련 학술연구사업, 연구기반사업, 대외사업을 수행하고 있다.

■ 통일인문학 기획도서

통일인문학 기획도서는 건국대학교 통일인문학연구단에서 남북의 문화적 소통과 통일에 대한 이해의 공감대를 넓히고자 기획하였다. 북한의 언어로부터 북한의 식생활, 북한의 주거문화, 북한의 교육 등에 이르기까지 남북 문화의 소통과 통합을 위한 생활문화시리즈로 출판될 예정이다.

북한의 언어
: 소통과 불통 사이의 남북언어

© 전영선, 2015

1판 1쇄 인쇄_2015년 01월 20일
1판 1쇄 발행_2015년 01월 30일

지은이_전영선
펴낸이_양정섭
펴낸곳_도서출판 경진
　　　등록_제2010-000004호
　　　블로그_http://kyungjinmunhwa.tistory.com
　　　이메일_mykorea01@naver.com

공급처_(주)글로벌콘텐츠출판그룹
　　　대표_홍정표
　　　편집_김현열 노경민 송은주　**디자인**_김미미 최서윤　**기획·마케팅**_이용기
　　　경영지원_안선영
　　　주소_서울특별시 강동구 천호로 196 정일빌딩 401호
　　　전화_02) 488-3280　**팩스**_02) 488-3281
　　　홈페이지_http://www.gcbook.co.kr

값 10,000원
ISBN 978-89-5996-437-6 03300

Langue and Parole of North Korea

북한의 언어

: 소통과 불통 사이의 남북언어

전영선 지음 | 건국대학교 통일인문학연구단 기획

경진출판

남북의 언어, 통일한국의 언어

남북의 언어는 소통과 불통 사이에 놓여 있다. 남북은 언어 소통을 위해 준비해야 한다. 이 책을 기획하면서 떠나지 않은 생각이다. 남북의 언어가 소통과 불통 사이에 있고, 언어의 소통을 준비하지 않으면 통일한국은 이중 언어정책을 써야 할 것이라는 걱정을 나누고 싶었다.

남북의 언어는 다르다. 아니 언어가 달라졌다는 것이 정확한 표현일 것이다. 남북의 언어는 이제 '소통과 불통 사이'에 있다. 그리고 불통 쪽으로 기울고 있다. 학술연구를 지원하는 한국연구재단에서는 북한어문학을 기타 어문학으로 분류한다. 기타 어문학은 국어국문학, 영어영문학, 불어불문학, 중어중문학, 일어일문학 등의 주요 어문학을 제외한 소수의 어문학이다.

남북의 언어 차이는 통일의 걸림돌이 될 것이 분명하다. 이러한 점은 북한 이탈주민들의 정착과정에서도 확인된다. 북한 이탈주민들은 남한 사회정착 과정에서 언어 차이로 인해 생각지도 않았던 어려움을 겪는다. 그들은 '말을 이해하지 못하겠다', '말이 통하지 않는다'고 호소한다. 또한 언어 문제로 학교에서 왕따 당하고, 직장에서 소외 당하기도 한다. 길거리에서 한글로 된 간판을 보면서도 무슨 뜻인지 이해하지 못할 때도 있다. 남북은 같은 언어를 사용한다고 생각했었는데, 생각보다 큰 차이에 당혹해 한다.

북한 이탈주민 정착지원 기관인 하나원에서는 국어교육을 한다. 하나원에서 실시하는 한국어교육은 외국인 다문화가정의 한국어교육과 별반 차이가 없다. 종이에 '티슈'라고 붙여두고 읽게 하거나 '에스컬레이터'가 무엇인지 설명하는 수준이다. 탈북청소년들이 거리에서 쉽게 알아볼 수 있도록 포켓용 소사전을 만들자는 제안도 있었다.

·

남북의 언어 차이는 어휘만의 문제가 아니다. 언어의 의미심상도 달라졌다. 의미심상이란 어떤 단어를 듣고 떠올리는 이미지를 말한다. 남북의 주민들은 같은 말을 말하지만 그 언어 속에 담긴 정서와 감성에서는 차이를 보이는 것이다.

가수 태진아 씨가 평양에서 '사모곡'을 불렀을 때 많은 북한 주민들이 눈물을 훔쳤다. 이 장면을 보면서 어머니에 대한 사랑은 남북이 공유하는 감성이라고 생각하였다. 그런데 정말 그랬었을까? 어머니를 절절히 그리워하는 노래를 들으며 그들은 마음속으로 어머니의 손길과 어머니의 눈물을 떠올렸을까? 그럴 것이다. 어머니에 대한 사랑을 생각했을 것이다. 하지만 그것만이 전부는 아닐 것이다.

북한 문학예술에서 표현된 어머니는 '김정숙 녀사' 혹은 '당의 품'이다. 북한에서 나온 가요집 『조선가요대전집』에서 어머니가 들어간 모든 노래는 '노동당'이거나 '김정숙'이었다. 태진아가 부른 사모곡을 듣고 눈물을 흘렸다고 해서, 북한 주민들 모두가 어머니의 거칠어진 손마디를 떠올린 것은 아닐 수도 있다는 것이다.

남북의 언어가 다르다는 주장에 대해 의견을 달리하는 사람도 많다. 아니 대부분의 사람들이 그렇게 생각한다. 오히려 남북의 언어가 다르다는 주장에 대해서 낯설어 한다. 남북의 언어가 크게 달라지기는 했지만 그래도 일상적인 소통이 가능하지 않느냐고 반문한다.

과연 그럴까. 평양에 살고 있는 북한 사람이 남한 기업의 가전제품이나 자동차를 샀을 때 제품 사용설명서를 읽고 사용할 수 있을까? 도로교통법 문제집을 보고 운전면허시험을 볼 수 있을까? 아마도 그럴 수 없을 것이다. 통일한국이 지향하는 언어의 소통은 읽을 줄 안다고 의미가 통하는 수준에 있지 않다. 설령 일상의 영역에서 소통하는 데 큰 지장이 없다고 해도 숨은 의미를 이해하지 못했다면 언어를 알지 못하는 것이나 다를 바 없다.

남북의 언어는 한글이라는 형식은 같지만 한글 속에 담겨진 언어심상은 이미 큰 차이가 생겼다. 남북의 언어가 다르다는 것은 북한 이탈주민들을 통해서도 확인된다. 대한민국에 들어와서 정착교육을 받고 정착한지 몇 년이 지나도 여전히 부동산거래나 상거래가 낯설다.

·

언어는 사회활동의 산물이다. 남북의 언어가 달라진 것도 남북의 사회생활이 달라졌기 때문이다. 언어의 기층적인 문법구조나 어휘야 동일하겠지만 일상적 생활을 영위하는 사회체제의 차이는 지속적으로 언어의 이질화를 가속시켰다. 사회주의 체제에서 오랫동안 살아왔던 북한주민으로서는 무엇인가를 거래한다는 행위 자체가 익숙지 않다. 하물며 추상적 개념으로서의 난해한 어휘를 어떻게 수용할 수 있을까.

언어는 고도의 개념체이다. 같은 언어를 사용하는 사람들에게는 언어의 정서가 공유되어야 한다. 어떤 언어를 말할 때는 그 언어에 대한 기억과 감성이 공유되어야 한다. 언어는 집단적 공유체이기 때문이다. 우리가 '무궁화꽃'이라고 말할 때 느끼는 감정과 정서를 외국인이 느낄 수는 없다.

비슷한 단어를 사용하면서도 뉘앙스가 다른 것은 언어에 담긴 감정과 정서가 다르기 때문이다. 언어적 정서는 하루아침에 이루어지지 않는다. 그 언어를 사용하는 집단이 오랫동안 경험과 기억을 축적하면서 쌓아 온 결과가 언어가 된다. 남북의 언어가 달라졌다고 말하는 핵심도 이 부분이다. 오랫동안 언어에 대한 경험이 단절된 남북의 언어가 단절된 것은 당연한 결과이다.

남북언어의 차이는 남북교류가 활성화되고 통일이 된다고 쉽게 해소될 문제가 아니다. 지속적인 언어공동체를 위한 노력이 병행되어야 한다. 남북이 언어문제에 대한 고민을 하지 않는다면 통일한국의 언어정책은 이중 언어정책이어야 할 것이기 때문이다. 한 국가에서 전체 인구의 3~5% 정도가 다른 언어를 사용하면 통상 이중 언어정책을 고민하기 시작한다. 통일한국이 된다면, 전체 인구의 30% 이상이 다른 언어를 사용하게 되는 것이다. 언어통합 문제가 심각한 이유이다.

이 책은 통일한국의 언어문제에 대한 고민을 나누고자 기획되었다. 북한의 언어에 대한 이해를 넘어 통일한국의 언어문제를 고민하는 계기가 되기를 기대한다. 엄혹한 남북

관계 속에서 통일도서의 출판이 쉽지 않은 상황이다. 출판의 기회를 주시고, 편집의 번거로움을 마다 않으신 도서출판 경진의 편집원과 양정섭 대표에게 진심으로 감사드린다.

2015년, 봄을 기다리며

목 차

언어는 국가다

국가의 위상과 언어의 영향력은 일정한 관계에 있다. 언어의 영향력은 국력에 비례한다. 대한민국의 힘이 강해지고 국제사회에서의 영향력이 커지면 한국어의 영향력도 비례해서 커지는 것이다.

국어는 기본 소양이자 상징이다

언어는 국가다. 언어가 국가와 연관되어 있다는 사실은 언어를 다루는 중앙 부처가 몇 개나 되는지를 살펴보면 쉽게 알 수 있다. 우리나라에서 국어(한국어)를 다루는 부처는 얼마나 될까?

초·중·고를 나왔다면 당연하게 교육부를 생각하게 된다. 국어는 학교에서 배우는 과목의 첫 번째이며, 영어·수학과 함께 핵심과목으로 자리를 굳게 누리고 있다. 교육부는 초·중·고에서의 국어교육을 관리하고, 국어교사 양성에도 관여한다. 요즘 해외에서 한국어교육이 인기가 높은데, 한국어 교사 교육이나 파견 등이 교육부의 소관업무이다.

또한 문화부가 있다. 표준어를 규정하고 외래어 표기를 비롯하여 언어에 대한 기본적인 정책을 세우고 운영하는 부처는 교육부가 아니라 문화부이다. 문화부의 산하기관인 '국립국어원'은 우리나라의 어문정책과 관련된 연구와 사업을 주관하는 기관이다. 국립국어원은 국민의 언어생활을 과학적으로 조사·연구하여, 합리적인 어문정책을 수립하고 올바른 언어생활을 계도할 목적으로 설립된 기관으로, 한국어 보급과 진흥사업 일체를 관장한다.

그리고 외교부가 있다. 외교부에서는 해외공관에서 한

국문화와 한국어 보급사업을 관장한다. 한국국제교류사업으로서 한국어교육을 비롯하여 한국을 알리는 사업을 한다.

외교무대에서 소프트 파워의 중요성이 증대되면서 한류를 비롯하여 한국문화에 대한 관심이 늘고 있다. 프랑스에서 '소녀시대'의 공연 이후 한국어에 대한 관심이 높아졌듯이 문화는 외교의 중요한 수단이 되고 있다. 한류의 영향으로 한국어와 한국문화에 대한 인기가 날로 높아지고 있다. 비례해서 외국어로서 한국어의 위상도 크게 높아졌다.

문화가 국가경쟁력의 핵심요소이자 부가가치를 창출하는 경제적 자원으로 부상하면서 문화외교가 국가 외교의 중요한 영역으로 대두하고 있다. 외교부 산하의 '한국국제교류재단'은 대한민국과 외국 간의 각종 교류사업을 통해 국제사회에서 한국에 대한 올바른 인식과 이해를 도모하고 국제적 우호친선을 증진을 위해 설립되었다.

법무부에서도 한국어와 관련한 일을 한다. 법무부의 한국어 관련 사업은 국적 취득 분야이다. 외국인이 대한민국 국적을 취득하기 위해서는 한국어 능력을 갖추어야 한다. 법무부에서는 대한민국 국적 취득문제와 관련하여 한국어 능력을 평가하고 관리한다.

상해 홍커우공원에 있는 윤봉길 의사 기념관의 한글 안내판

　법적으로 한국인이 되기 위해서는 기본적인 한국어 능력이 필수적인 요인이다. 간이귀화대상자나 특별귀화대상자가 아닌 일반 귀화대상자의 경우에는 "국어능력과 대한민국의 풍습에 대한 이해 등 대한민국 국민으로서 기본적인 소양을 갖추고 있어야 한다"고 규정하고 있다.

　다른 한편, 복지부가 있다. 주로 다문화가정에 대한 언어 적응과 관련된 사업이다. 국제결혼이 늘어나면서 국제결혼 가정의 자녀들이 겪는 언어 부적응이 사회적인 문제가 되고 있다. 복지부에서는 다문화가정이나 결혼이주여성의 정착 지원을 위한 한국어교육사업을 지원한다.

결혼을 통한 이주여성이 늘어나면서 이들의 언어교육 문제가 사회적 문제로 제기되고 있는 상황에서 한국어교육은 복지 영역에서 중요한 사업으로 부각되고 있다. 복지부에서는 가장 큰 문제점인 한글을 읽지 못하거나 읽더라도 뜻을 모르는 결혼이주여성들을 대상으로 한국어교육사업을 지원한다.

경제부처에서도 한국어와 관련한 사업을 한다. 고용노동부와 산업자원부에서는 외국인 산업연수생과 관련한 한국어교육사업을 지원한다. 외국인 산업연수생이나 외국인 노동자들이 산업현장에서 제대로 활동하기 위해서는 기본적인 의사소통이 필수적이기 때문이다.

외국인 노동자들이 한국에 오기 전에 한국어를 배우는 장면을 방송으로 본 적이 있었다. 충격적이었던 것은 이들이 배우는 한국어 회화 내용이었다. 외국인 노동자들이 배우는 한국어 회화는 "때리지 마세요", "힘들어요" 등이었다. 한국으로 산업 연수를 떠나기 위해 이런 말을 배운다는 것이었다. 산업현장에 필요한 한국어를 배우는 것이 이렇다면, 우리의 국민 수준이 어느 정도인지를 짐작할 수 있다.

지금까지 나열한 부서 이외에도 언어(한국어) 문제와 관련된 기관은 더 찾을 수 있다. 통일부도 그런 부서의 하나이다. 통일부에서는 북한 이탈주민의 정착과 관련하여 국어교육을 실시한다. 탈북자들이 우리말인 국어를 배운다는 것이 낯설게 보일 수도 있지만 초기 정착을 위한 한국어교육이 필수적으로 요구되기 때문이다.

언어와 관련한 정부 부처는 생각보다 많다. 국어는 한국인으로서 기본적인 소양의 하나이자 그 나라를 대표하는 상징이기 때문이다. 그래서 국가를 대표하는 사람들은 그 나라의 언어를 사용하는 것이 맞다. 언제인가 중국의 쟝쩌민 주석이 정상회담을 하다가 통역의 잘못을 지적하는 것을 본 적이 있다.

영어를 통역만큼 잘하였지만 당당하게 중국어를 사용한 것이다. 그는 중국을 대표하는 자리에 있기 때문이다. 국가를 대표하는 직위에 있는 사람은 사석이라면 몰라도 공식적인 자리에서는 불편하더라도 자기 나라를 대표하는 언어를 사용하는 게 옳다.

국력과 언어의 영향력은 비례한다

언어는 국가를 떠나지 못한다. 물론 국가를 넘어 여러 나라에서 통용되는 언어도 있다. 하지만 어느 나라이든 그 나라에서 공식적으로 사용하는 언어가 있다. 언어의 영향력은 국력과 비례한다. 때로는 정통 영어보다 '콩글리시'라고 불리는 한국식 영어가 더 큰 영향력을 발휘하기도 한다. '로고송'이라는 이상한 단어가 정식 언어로 자리 잡고, '셀룰러폰(cellular phone)'보다는 '핸드폰'이 익숙한 단어가 되었다. 일본식 영어인 '가라오케'는 이미 국제어가 되었다. 어디를 가든 '가라오케'라는 말은 자연스럽게 들을 수 있다.

국가의 위상과 언어의 영향력은 밀접한 관계에 있다. 언어의 영향력은 국력에 비례한다. 대한민국의 힘이 강해지고 국제사회에서 영향력이 커지면 언어의 영향력도 예전에 비해 커진 것이다.

한국어의 영향력은 태권도나 김치 같은 것을 통해서도 확인된다. 태권도가 세계인의 스포츠로 자리 잡으면서 우리말로 된 태권도의 경기 용어가 표준이 되었다. 세계에서 태권도를 배우는 사람들은 '차렷', '품새'라는 말을 써야 한다. '김치' 역시 일본식 발음인 '기무치'가 아니라 '김치'

홍콩 시가지의 한국식당. 국력과 언어의 영향력은 비례한다.

가 표준어이다.

언어는 약육강식의 세계이다. 강한 나라의 언어는 살아남고 약한 나라의 언어는 사라진다. 국가가 없어지면서 사라진 언어도 있다. 말갈어나 거란, 발해어 등은 언어의 파편만 남아 있고 사라졌다. 언어가 강하기 위해서는 나라도 강해야 한다. 언어는 곧 국가다. 국가를 잃으면 언어도 잃게 된다.

국가의 영향력에 따라서 때로는 주언어와 부언어의 위치가 바뀌기도 한다. 브라질은 남아메리카에서 유일한 포

바위에 새겨놓은 정치 구호, 북한 곳곳에서 볼 수 있다.

르투갈 식민지였다. 강성했던 포르투갈의 영향력이 약해지고, 브라질의 영향력이 커지면서 브라질어라고 부르는 경우가 늘어나고 있다.

최근 들어서는 한국어의 위상이 크게 높아졌다. 국제사회에서 대한민국의 위상이 높아지면서 외국어로서 한국어의 필요성이 높아져, 한국어를 제2 외국어로 지정하는 나라들이 점점 늘어나고 있다.

한국어의 위상이 높아지면 외국에 나가서 한국어를 가르치면서 살 수도 있다. 영어를 보면 알 수 있듯이 강한 언어를 사용하는 사람들은 모국어 교육만으로도 생활이 가능하게 된다.

바윗돌에 새긴 최고지도자 만수무강 축원 문구

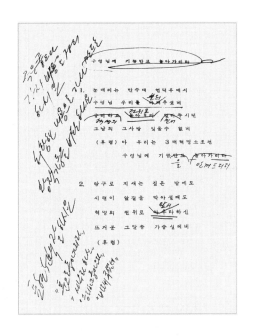

문화예술 분야의 문건에 대한 김정일의 친필 싸인 판.
북한에서 최고지도자의 친필은 초법적인 권위가 있다.

언어는 민족이다

언어는 자기의 의지대로 선택할 수 없는 문화공동체의 산물이다. 언어로 무엇인가를 표현한다는 것은 그 언어의 깊숙한 내면을 이해할 때 가능하다. '애국', '열정', '조국'이라는 단어를 들으면 가슴이 뜨거워진다. 이 말에 숨긴 의미를 알기 때문이다. 하지만 이 말을 번역해 말한다면 가슴은 뜨거워지지 않는다. 언어는 문화를 같이하는 공동체의 테두리 안에서 유효하기 때문이다.

언어는 문화에서 태어난다

"난 우리집에서 완전 찬밥이야"라는 문장이 있다. 이 문장을 영어로 번역한다면 어떻게 번역해야 할까. 찬밥을 어떻게 번역할지 궁금하다. 찬밥이라면 'cold rice'로 번역해야 하지 않을까? 구글에서 '나는 우리 집에서 완전히 찬밥이다'라고 쓰고, 영어로 번역하였더니 "I have in my house is completely cold rice"라고 하였다.

'찬밥'을 'cold rice'로 번역한다. 차갑게 식은 밥이라고 해석한 것이다. 문맥상으로 '찬밥'은 푸대접이라는 의미이지 차갑게 식은 밥을 의미하는 것이 아닌데, 문화적 맥락까지는 해석하지 못하는 것이다. 글자 그대로만 번역한다면 목욕탕에서 온탕에 들어가면서 '시원하다'고 말하는 것이나, 술 먹은 다음날 뜨거운 해장국을 먹으면서 '시원하다'고 하는 말을 번역할 수 없다.

왜 그럴까? 언어는 민족이기 때문이다. 언어에는 민족의 고유한 풍습과 전통이 반영되어 있다. 언어를 들여다보면 언어에 숨겨 있는 문화적 습성과 특성을 찾을 수 있다. 바닷가에 사는 민족은 바다와 관련한 다양한 언어가 발달하였다. 당연하게도 알래스카 원주민들은 눈을 표현하는 수십 가지 언어가 있다. 우리는 가랑비, 이슬비, 안개비,

보슬비, 장대비를 구분할 수 있다. 하지만 중동지역에 사는 민족이라면 이러한 구분을 할 수가 없다.

왜 그럴까? 언어는 생활과 밀접한 연관이 있기 때문이다. 언어 발전은 민족의 생활문화 환경과 절대적 관계에 있다. 언어는 생활환경, 문화환경 안에서 만들어지고 유통되는 것이다.

'벼'를 영어로 무엇이라고 할까? 논에 옮겨 심는 어린 '모(秏)'를 영어로 무엇이라고 할까? '쌀'을 영어로 무엇이라고 할까? '밥'을 영어로 무엇이라고 할까? 국어사전에는 분명히 다르게 나와 있다. 하지만 '쌀', '벼', '모', '밥'은 영어에서 'rice' 하나이다.

벼농사를 지어야 하는 우리로서는 벼의 성장 과정을 하나하나 구분하여 부를 필요가 있기 때문에 다르게 이름 지어 구분하는 것이다. 하지만 서양에서는 그렇게 구분할 필요가 없다. 언어가 민족성을 갖게 되는 것은 언어가 만들어지고, 사용하는 과정에 생활공동체로서 살아온 민족의 생활문화 환경이 포함되기 때문이다.

언어는 필요에 의해 생겨난다. 언어는 처음부터 있던 것이 아니다. 자동차를 보자. 자가용, 승용차, SUV, 세단, 해치백, 쿠페, 왜건 등 종류도 많다. 자동차 종류가 많아진 것은 자동차를 구분하기 위한 말이 생겨났기 때문이다.

언어와 문화는 함께 한다. 인천 차이나타운.

자동차가 처음 발명되었을 때는 무엇이라고 했을까? 이 것 저것 고민하다가 "저건 말(馬) 없이도 혼자서 가네, 그 럼 자기 스스로 움직이는 마차네"라고 했을 것이다. 사실 은 동력기관이 있지만 말이 끌던 것만 보았던 사람들에게 는 말이 없다는 게 가장 신기했을 것이다. 그래서 많은 사 람들도 이해할 수 있는 특징을 잡아 "말 없이 혼자 가는 차"라고 했을 것이다. 과학이 발전하면서 여러 가지 자동 차가 발명되었고, 한 가지 자동차에서 여러 종류의 자동차 가 생겨나면서 새로 생겨난 자동차를 이전의 자동차와 구 분하기 위해서 새로운 언어가 발명된 것이다.

이렇게 새로운 사물이나 개념이 생길 때마다 새로운 언

어가 만들어 졌다. 이렇게 해서 승용차, 화물차, 버스, 미니버스, 고속버스, 우등버스 등의 언어가 생겨났다.

북한호텔의 화면반주음악실(가라오케)

최근 유행하는 '힐링'이라는 개념도 새롭게 만들어진 개념이다. '힐링'이라는 단어가 일상화된 것도 '웰빙'이라는 말과 구별하려는 의도에서 비롯되었다. 새로운 어휘가 생겼다는 것은 새로운 개념이 형성되었고, 구분할 필요가 생겼다는 것을 의미한다.

커피를 예로 들어 보자. 카페에 가면 여러 종류의 커피가 있다. 원산지에 따라서 혹은 커피의 특성에 따라서 혹은 첨가물에 따라서 종류도 다양하다. 커피 마니아들은 다양한 커피를 즐긴다. 각각에 이름을 붙여, 이것과 저것을 구분하고, 종류별로 즐긴다. 맛의 차이가 생겼고, 구분하기 위한 변별력이 생겼기 때문이다. 마찬가지로 와인 마니아들은 생산지와 포도의 종류, 숙성 방식 등의 차이에 따라서 다양한 종류를 구분한다. 다양한 종류를 구분한다는 것은 다양한 이름을 알고 있다는 것이다.

정보통신이 발달한 요즘에는 인터넷이 새로운 어휘를 만드는 진원지가 되었다. '얼짱', '안습' 등 인터넷상에서 유통되던 통신언어들이 사회언어로 확대되었다. '유저', '안티팬', '댓글', '악플', '선플' 등은 이 시대에 새롭게 생겨난 언어들이다. 언어는 사회 속에 존재한다. 언어가 사회 속에 존재하기 위해서는 언어가 의미하는 공통의 개념이 공유되어야 한다. 언어는 구체적인 실체를 추상화한 개념을 공유하는 과정 속에서 탄생한다.

김책공업대학 전자도서관의 서적들

언어는 자기 이해의 범주 안에서 해석된다

'노동'이라는 단어를 보자. 노동에는 무수한 형태가 있다. 공장에서 일을 하는 것, 건설현장에서 하는 것, 논밭에서 농사를 짓는 것은 물론 사무실에 앉아서 서류를 작성하는 것까지 구체적인 활동이 있다. 이들의 구체적인 활동을 집약적으로 표현한 것이 '노동'이라는 단어이다.

'스펙'이라는 단어가 있다. 이제 일상생활에서 광범위하고 자연스럽게 사용되는 말이다. 대학생들에게는 다양한 스펙이 취업을 위한 필수적인 조건이 되었다. '스펙'은 원래 기계의 성능을 의미하는 'specification'에서 파생된 말이다. 기계의 성능을 의미하던 단어였지만 인간의 능력이나 경력을 표현하는 단어로 일상적으로 사용되고 있다.

양각도 골프장 안내판

언어는 자기 이해의 범주 안에서 해석된다. 부산에서 열린 학술대회에 참여한 적이 있었는데, 학술대회가 끝나고, 저녁 식사 자리에도 참석하였었다. 어떤 사람이 "사장님 여기 씨원 하나 주세요"라고 말하였다. 당연하게 "시원한 소주 한 병 주세요"하는 뜻으로 알아들었다.

나중에야 'C1'이라는 브랜드의 소주가 있다는 것을 알게 되었다. 'C1'이라는 소주 브랜드를 몰랐으니 나름대로 유추해서 '시원한 소주'로 생각했던 것이다. 귀에 익은 단어가 아니면 자기가 알고 있는 단어로 유추해서 이해하게 된다. 그래서 언어는 문화공동체의 가장 핵심적인 매개체로 볼 수 있다.

우리 민족은 세계에서 가장 섬세한 입맛을 가진 민족 중의 하나이다. 세계에서 가장 다양한 부위의 고기를 즐기는 민족이다. 고깃집에 가면 부위별로 다양한 메뉴가 있다. 고기를 이렇게 나누어 먹는 것은 맛의 차이를 알기 때문이다. 맛의 차이를 모른다면 "고기 주세요" 하면 되겠지만 맛이 다르다는 것을 알고 있기 때문에 부위별로 나누어 먹는 것이다. 반대로 생각할 수 있다. 고기의 부위가 다르니까 다르게 부르는 것이 아닐까? 아니다. 생물학적으로 근육의 작용이나 역할 등으로 이름을 붙일 수도 있다. 하지만 고기의 부위는 생물학적 분류와는 다르다.

쇠고기의 '등심'과 '꽃등심'은 생물학적인 차이일까? 맛의 차이일까? 당연히 맛의 차이다. 부위가 달라서 맛이 차이 나는 것이 아니라 맛이 차이가 나기 때문에 구분하기 위해 이름을 다르게 붙이는 것이다. 마찬가지로 고깃집 메뉴판에 올라 있는 '안심', '등심', '안창살', '치마살', '부채살' 하는 구분은 미각의 차이 때문에 생긴 것이다.

외국에서는 이렇게까지 구분하지 않는다. 맛의 미묘한 차이를 구분하지 못하기 때문이다. 맛의 차이를 느끼지 못한다면 구태여 구분할 필요가 없다. 그러니 민족의 언어에는 민족의 생활환경과 특성이 반영될 수밖에 없는 것이다. 언어가 민족이라는 것은 언어에는 민족의 생활문화가 반영되어 있다는 것을 의미한다. 같은 언어를 사용하는 언어 공동체란 곧 언어와 관련한 문화적 배경을 공유하고 있다는 것을 의미한다.

새로운 어휘는 그냥 생기지 않는다. 새로운 언어가 사회에 자리 잡기 위해서는 사회적인 합의가 있어야 한다. 같은 언어를 사용하는 사람들끼리 공통된 특성을 인지하고, 동의할 때 새로운 어휘가 된다. 언어의 의미는 언어의 상징성을 공유하는 환경 안에서 유효하다. 어떤 집단이건 간에 그 집단에서만 사용하는 언어가 있다. 대학생들은 대학생들끼리 사용하는 언어가 있고, 정치인은 정치인들이 사용하는 은어가 있다. '실탄'이라고 하면 군대에서 사용하는 총알을 의미하지만 정치인은 정치에 필요한 자금을 떠올릴 것이다. 언어는 문화적인 배경 안에서 해석되기 때문이다.

홍콩 시가지에서 찍은 '강남스타일'이라는 신조어를 일약 세계 공용어로 만든 싸이 사진

　언어에는 민족의 문화가 들어 있다. 녹두의 싹을 틔워 키운 '숙주나물'이란 게 있다. 콩나물 비슷하게 생겼지만 약해서 금방 시들어 버린다. 잘 시드는 나물을 왜 숙주나물이라고 했을까? 숙주나물의 '숙주'는 실제 인물인 신숙주에서 따온 말이다. 세조의 왕위찬탈 때 가장 먼저 변절한 이가 신숙주이다. 선왕의 유언을 잊고 금방 배신한 신숙주를 보면서 사람들은 금방 시드는 나물에다 신숙주의 이름을 붙여 '숙주나물'이라고 불렀다. 숙주나물로서는 좀 억울하겠지만 지조 없이 임금을 저버린 신숙주의 절개가 너무 빨리 꺾였다는 것에서 유래한 이름인 것이다. '안성맞춤'은 안성에서 생산된 유기제품의 품질이 좋아서 좋은

물건이나 상황을 보면 '안성에서 맞춘 것 같다'는 의미에서 나온 말이다. 이처럼 사회적 공감대가 형성되면서 언어에 문화가 더해지는 것이다.

북한 식당의 메뉴판. 북한식 명명방식과 외래어 표기를 알 수 있다.

언어와 해석 공동체

언어구조나 어휘구조를 보면 그 민족이 처한 사회 환경적 특성을 살필 수 있다. 언어에는 민족 고유의 어감(語感)이 반영된 단어들이 발달하기 때문이다. 우리말에는 색채감이 잘 발달하였다. '노랗다, 누렇다, 누르끼리하다, 누르스름하다' 등의 말은 번역해서는 안 되는 말이다. 번역한다고 해도 어감이 잘 살지 않는다.

'희멀건 죽 한 사발'이라는 말을 어떻게 어감을 살리면

일상적인 것에 의미가 더해지면 새로운 이름이 된다.
TV프로그램 <1박2일>로 유명해진 죽녹원의 '이승기연못'.

서 번역할 수 있을까. '희멀건 죽'이라고 할 때 '희멀건'은 단지 흰색을 의미하지 않는다. 먹을 것이 많이 부실해서 겨우 입에 풀칠이나 하기 위해 물을 엄청 많이 넣고 끓인 죽이다. 번역을 한다고 해도 의미가 전달되기 어렵다. 북한 주민들이 일상적으로 사용하는 단어로 '총화'가 있다. '총화'라는 뜻을 알 수 있다고 해도, 일상에서 '총화'가 주는 영향이나 의미까지 온전하게 파악하기는 어렵다.

스페인어를 전공한 교수가 김소월의 〈진달래꽃〉을 번역할 때의 이야기를 들은 적이 있다. 시의 제목을 따라서 '진달래꽃'이라고 번역하려고 보니까 진달래에 대한 이미지가 우리와 너무 달랐다고 한다. 스페인에서 진달래꽃은 바람난 여인을 의미하였다.

김소월의 〈진달래꽃〉이 사랑받는 이유는 진달래꽃이 단순히 꽃을 의미하지만은 않기 때문이다. 진달래꽃에는 진달래꽃만의 정서가 있다. 하지만 스페인에서 진달래꽃의 이미지는 우리가 알고 있는 진달래꽃의 이미지와는 거리가 있었던 것이다. '진달래꽃'을 '진달래꽃'으로 번역한다고 해서 〈진달래꽃〉의 이미지를 살릴 수는 없었다. 고민 끝에 '히아신스를 뿌리는 여인'으로 번역하였다고 한다. 진달래꽃이 갖는 정서와 감성이 온전하게 번역되었다고 기대하기 어렵다. 어휘의 의미가 온전하게 이해된다는

평양단고기집. 단고기는 보신탕의 북한식 표현이다.

것은 이처럼 어려운 일이다.

언어와 민족이 일치하지 않는 경우도 있다. 일본에서 문필 활동을 하는 서경식 교수는 민족정체성과 언어정체성이 달라서 자신의 문제의식을 키워 나갈 수 있었다. 자신의 문제의식을 키워나갈 수 있었던 계기가 되기도 하였다. 서경식 교수의 저서 『언어의 감옥에서-어느 재일조선인의 초상』(돌베개, 2011)에는 일본에도 잘 알려진 민족시인 윤동주의 「서시」 번역을 둘러싼 논쟁이 소개되어 있다.

죽는 날까지 하늘을 우러러

한 점 부끄럼없기를,

잎새에 이는 바람에도

나는 괴로워했다.

모든 죽어가는 것들을 사랑해야지

그리고 나한테 주어진 길을

걸어가야겠다.

오늘 밤에도 별이 바람에 스치운다.

논쟁의 핵심은 '모든 죽어가는 것들을 사랑해야지'였다. 이부키 고는 「서시」를 번역하면서 이 부분을 '모든 살아 있는 것들을 사랑해야지'로 옮겼다고 한다. 이부키 고의 번역에 대해 오오무라 마스오가 이의를 제기하였고, 이에 대해 다시 이부키 고가 반론을 펴면서 논쟁이 이어졌다.

윤동주는 '죽어가는 것들'을 모두 사랑한 것이지, 생명이 있는 모든 것들을 무한정으로 사랑해야 한다고 말한 것이 아니다. (…중략…) 윤동주가 쓴 「서시」를 쓴 1941년 11월 20일은 태평양전쟁이 일어나기 직전이었고 일본 군국주의 때문에 많은 조선인들이 죽어가던 때였다. 사람뿐만 아니라 말도, 민족의상도, 생활풍습도, 이름도, 민족문화가 모두가 '죽어가던' 시대였다. '죽어가는 것들'을 '사랑해야지'라고 부르짖는 윤동주는 이 모든 것을 죽음으로 내모는 자들에 대해 격렬한 증오심을 가지고 있었을 터이다. 이를 "모든 죽어가는 것들을 사랑해야지"라고 해 버리면 죽어가는 것들도, 죽음으로 내모는 자도 모두 사랑하는 것이 되어버리는 것이 아닌가?[1]

직역하면 '모든 죽어가는 것들을 사랑해야지'가 되지만 이를 '모든 살아 있는 것들을 사랑해야지'라고 번역한다고 해서 어째서 오역인가? 같은 뜻의 언어를 오역이라 하는 것은 모순이라고 할 수밖에 없다. 모든 죽어가는 것들은 살아 있는 것들이기 때문에 '죽음으로 내모는 자'가 이에 포함되지 않는다고 할 수는 없다. 이는 논리적으로도 성립되지 않는다. 말할 것도 없지만 '모든 죽어가는 것들', '모든 살아가는 것들', '살아 있는 모든 것들'은 이어동의(異語同意)다. (…중략…) '모든 살아 있는 것들을 사랑해야지'라는 것은 작은 것, 약한 것, 이웃, 동포, 인간, 살아있는 것, 생명 있는 모든 것에 대한 사랑의 고백이다.[2]

---

1) 서경식 지음, 권혁태 옮김, 『언어의 감옥에서: 어느 재일조선인의 초상』, 돌베개, 2011, 24~25쪽.
2) 위의 책, 24~25쪽.

서경식 교수가 이런 문제를 제기한 것은 재일조선인이라는 특수한 환경 때문이다. 윤동주의 「서시」는 한국은 물론 일본에도 널리 알려진 작품이지만 의미 차이를 알 수 없었다. 한국인은 원문으로밖에 볼 수 없었고, 일본인은 일본어로밖에 읽을 수 없었기 때문이다. 하지만 일본에서 태어나 일본어로 문필활동을 하는 서경식 교수에게는 이 문제가 정체성을 고민하는 문제가 되었던 것이다. 서경식 교수는 일본에서 태어났고, 처음부터 조선어를 잘 하지는 못하였다.

일본이 싫어서 한국어를 배울 때도 차별을 경험하였다고 한다. 한국어가 능숙하지 않았다. 한국어에는 일본어투가 섞여 있었다. 일본어투의 한국어를 사용하는 자신에게 한국인들은 '그렇게 싫어하는 일본' 사람의 굴레를 씌워버렸다. "일본어를 모어로 하여 일본 사회에서 사는 재일조선인은 자신의 아이덴티티마저 일본어를 통해 형성할 수밖에 없는 것이다. 이는 식민지 민중이 지적 자원을 가지고 싶어도 종주국의 지적 제도를 통해 이를 가질 수밖에 없다는 지식의 식민주의적 지배구조의 한 사례"로 인식된 것이다. 진실을 드러내고 싶어서 자신의 모어인 일본어로밖에 표현할 수 없었다는 것이다.

서경식 교수는 이러한 자신의 처지를 유대인 시인 파울

첼란에 비유하였다. 파울 첼란은 부모를 나치 수용소에서 잃은 유대인 시인이다. 유대인이면서도 그의 작품 활동은 독일어로 이루어졌다. 파울 첼란에게는 독일어가 모어(母語)였기 때문이었다. 파울 첼란은 독일어의 의미를 잘 살렸다는 독일문단의 평가를 받기도 했다.

독일어로 시를 쓰는 파울 첼란에 대해 어떤 이들은 "(부모를 죽인) 적의 언어로 쓰는가?"라는 비난을 하기도 하였다. 이러한 질문에 대해 파울 첼란은 자신이 진실하게 감정을 담아낼 수 있는 언어는 독일어라고 하면서 "자신의 진실을 모어로밖에 말할 수 없다"고 대답하였다.3)

언어는 자기의 의지대로 선택할 수 없는 문화공동체의 산물이다. 언어로 무엇인가를 표현한다는 것은 그 언어의 깊숙한 내면을 이해할 때 가능하다. '애국', '열정', '조국'이라는 단어를 들으면 가슴이 뜨거워진다. 이 말에 숨긴 의미를 알기 때문이다. 하지만 이 말을 번역해서 말한다면 가슴은 뜨거워지지 않는다. 언어는 문화를 같이하는 공동체의 테두리 안에서 유효하기 때문이다. 남북의 언어 차이는 언어를 해석하는 해석의 공동체 기반이 약해졌기 때문에 발생하는 문제이다.

---

3) 위의 책, 32쪽 참조.

소통과 불통 사이에 선
남북의 언어

남북의 언어 차이는 어느 정도나 될까? 남북의 언어 차이에 대한 견해는 두 가지로 나뉜다. 견해 차이의 핵심은 남북 주민의 언어가 소통할 수 '있느냐', '없느냐' 하는 문제이다. 남북의 언어 차이가 있지만 서로 소통할 수 있을 정도의 차이라면 언어 차이는 크지 않다고 할 수 있다. 하지만 남북의 주민이 서로 소통하기 어려운 정도라면 남북의 언어 차이는 결코 작다고 할 수 없다.

북한 이탈주민 정착과 언어 적응

북한 이탈주민들은 한국어를 배워야 할까? 그렇다. 다소 의아하게 들릴지 모르겠지만 배워야 한다. 남북의 언어는 같다고 배웠다. 또 당연히 언어가 같을 것이라고 생각할 것이다. 남북의 언어가 다르다는 것은 한 번도 생각해 보지 않았다. 하지만 현실은 다르다.

남북의 언어는 상당히 달라졌다. 남북의 언어가 같다고 생각하는 것은 환상이다. 남북의 언어 차이는 생각보다 크다. 언어 차이로 인해 북한 이탈주민들은 남한 사회정착과정에서 생각지도 못한 상처를 받는다.[4]

사장님이 자기 방에 가서 다이어리를 가져오라고 했어요. 그랬는데 다이어리가 뭔지 몰랐어요. 다이어리가 자동차 부품, 베어링 같은 느낌이 들어서-책상에 있다는데 아무리 봐도 그런 건 없어서 구석구석 뒤졌어요. 그런데 가전제품 회사에 왜 그런 게 있을까 싶은 거에요. 사장이 제가 안 오니까 다른 사람을 보냈는데 "왜 이거 두고 거기서 그러고 있냐"고 하는 거예요. 그래서 갔더니 사장이 직원들 경리 20명 정도

---

[4] 『연합뉴스』, "민현식 국립국어원장 '국어능력 부족이 불통·불신 불러'", 2013년 2월 19일.

앞에서 절 세워놓고 "설마 다이어리가 뭔지 몰라서 못가져 온 거 아니지?"라고 이야기를 하는데 사람들이 키득키득 웃는 거예요. 아-정말 그 얘기를 듣는데 얼굴이 빨개지고 어찌할 바를 몰라서-눈물이 펑펑 나는 거 있잖아요. 사람들 많은 데서-진짜 기가 막혔죠. 그런데 이게 첫 번째 스타트였어요. 이런 일이 하도 많아 가지구

— 탈북자, 인터뷰 중에서

제가 와서 1년 동안은 너무 어지러워서 말을 하면 한국어로 전화를 못 받았어요. 상대방이 말하는 것을 너무 집중해서 들으려고 하니까 땀이 나는 거예요. 그리고 회사에서 주문서를 받는데, 제가 한동안 전화를 못받았어요. 제가 전화를 받으면 하나도 못 알아들었거든요. 그래서 꼭 다른 사람이 한 번 더 내용을 봐야 했어요. 정말 진짜 고생 엄청 했어요.

— 탈북자, 인터뷰 중에서

북한 이탈주민 인터뷰를 하다보면 언어로 인한 어려움은 공통적으로 겪는 현상이라는 것을 알게 된다. 통일이 된다고 해도 남북의 언어 차이가 쉽게 해소되기는 어렵다. 언어로 인한 사회적 갈등이 커질 수 있다.

남북의 언어 차이는 어느 정도나 될까? 남북의 언어 차

이에 대한 견해는 두 가지로 나뉜다. 견해 차이의 핵심은 남북 주민의 언어가 소통할 수 '있느냐', '없느냐' 하는 문제이다. 남북의 언어가 차이가 있지만 서로 소통할 수 있을 정도의 차이라면 언어 차이는 크지 않다고 할 수 있다. 하지만 남북의 주민이 서로 소통하기 어려운 정도라면 남북의 언어 차이는 결코 작다고 할 수 없다. 남북의 언어는 소통하기 어려운 정도로 달라졌다. 일상적이고 가벼운 대화는 몰라도 공식적인 언어활동으로 들어가면 그 차이는 크다.

평양주민이 남한 회사의 휴대폰이나 텔레비전, 혹은 자동차를 구입했다고 가정해 보자. 매뉴얼을 보고 얼마나 이해할 수 있을까? 매뉴얼을 보고 사용할 수 있을까? 장담하건대 외국어만큼이나 이해하기 어려워 할 것이다. 우리는 어떨까? 북한 주민이 사용하는 말을 얼마나 알아들을 수 있을까. 북한 영화를 보다보면 제대로 알아듣지 못한다. 주요한 단어는 물론이고 발성법이나 의미 차이가 있어 한 번에 알아듣기 힘들다. 남북의 언어는 소통과 불통 사이에 있다. 이것이 현실이다.

남북의 언어 차이는 북한 이탈주민의 정착 문제에 적지 않은 장애 요소가 되고 있다. 사회생활이나 학교에서 언어 문화의 차이로 인해 왕따 당하기 십상이다. '전화할게요'

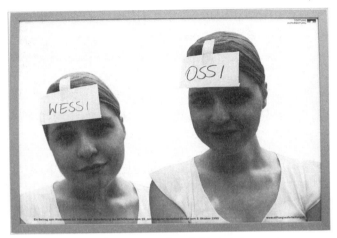

통일독일의 후유증을 보여 주는 포스터.
독일통일은 문화적 통합의 중요성을 일깨워 준다.

라는 말만 믿고 전화기 앞에서 몇 시간을 기다린 탈북자
도 있고, 괜찮다는 의미로 '일 없습니다'라고 말했다가 괜
한 오해를 산 탈북자도 있다.

　남북한의 언어문화에서 가장 큰 차이는 의사표현 방식
의 차이다. 북한의 언어생활에서는 직접적인 표현이 많다.
반면 남한의 언어생활은 주로 간접적이고 우회적으로 드
러낸다. "점심 뭐 먹을까?"라고 직장상사나 동료가 물어
보았다고 하자. 남한에서는 자기가 먹고 싶은 것을 말하기
보다는 상대방의 의중을 살피고 합의하는 과정을 거친다.
"글쎄요. 뭐가 좋을까요. 전 다 괜찮아요"라고 일단 말을

꺼낸다. 아니면 "모처럼 중국집 어때요?"라거나 "어제 회식했으니까. 오늘은 뜨끈한 국물 있는 설렁탕이나 해장국은 어때요?"라고 말한다.

내 의견을 주장하기에 앞서 상대방의 의중을 살피고, 내 생각을 절충한다. 언어에서 중요한 것은 '언어예절'이라고 생각한다. 괜히 '내가 먹고 싶은 것을 말했다가 행여 다른 사람이 싫어하거나 먹지 못하는 것이면 어떨까' 하는 마음이 앞선다. 자기 생각을 드러내기에 앞서 조심스럽게 상대방의 의사를 타진해 보는 것이다.

하지만 북한에서 언어는 '정보전달' 기능이 우선이다. 공동체적 성격이 강하기 때문에 정확한 의사표현이 일을 훨씬 효율적으로 진행할 수 있기 때문이다. 반면 남한에서는 공동체보다는 개인적인 삶에 무게가 놓여진다. 이처럼 남북의 언어문화가 달라진 것은 사회가 달라졌기 때문이다.

대인관계가 공적으로 갈수록 우회적인 표현이 발전한다. 직접적으로 의사를 표현하기보다는 우회적으로 자신의 뜻을 표현하는 방법이 다양해진다. 외교 회담에서도 비슷하다. 모든 외교회담에서는 '합의하였다'고 표현한다. '합의하지 않았다'는 표현을 잘 쓰지 않는다. "양측은 서로 간에 이견이 있다는 데 합의하였다", "이 문제에 대해서는 시간을 두고 논의하기로 합의하였다"라고 표현하는 것이다.

북한 이탈주민을 대상으로 언어특강을 한 적이 있었다. 강의에서 우회적인 거절 표현법을 알려 주었다. "긍정적으로 검토해 보겠습니다", "저희가 도와드려야지", "좋은 결과 있도록 해 보겠습니다", "아마 잘 되는 방향으로 결정하지 않을까 싶습니다", "애쓰시는데 저희가 도울 수 있도록 노력해 보겠습니다", "담당자에게 잘 말해 보겠습니다" 등등이었다. 이런 말은 어떤 말도 '예스'가 아니라고 하였다. '예스'라고 말하기 전에는 결코 허락하는 것이 아니라고 일러주었다. 그날 특강은 뜨거운 호응을 받았다. 북한 이탈주민들은 이런 경험을 적지 않게 하였다며 '다 되는 줄' 알았던 경험을 수도 없이 털어 놓았다.

만약 전화하다가 상대방이 "그래 알았어. 내가 전화할게"라고 하였다면 어떻게 생각해야 할까. "지금 바쁘니까 나중에 통화해요"라고 말했다면 정말 바쁜 것일까. 상대방이 "전화드리겠습니다"라고 말하였다고 해서 '진짜로 전화할 것이라고 기대하지 말라'고도 알려 주었다.

더불어 '내가 전화할게, 식사 한 번 해야지, 술 한 잔 하자'는 현대인의 3대 거짓말이라는 것도 알려 주었다. 그런 말들은 그냥 인사에 불과하고, 당신에게 호의적이라는 것을 표현한 것이라고 알려 주었다. 이런 사례들은 남북 언어의 이질화 현상의 단면을 보여 준다. 남북의 언어 이질

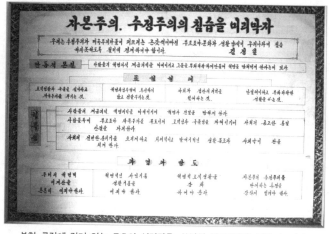

북한 공장에 걸려 있는 구호와 선전판들. 북한의 언어생활을 살필 수 있다.

화 양상을 유형별로 나누어 보면 다음과 같다.

첫째, 남북의 어휘 자체의 차이다. 남북한 사이에 완전히 차이가 나는 어휘가 있다. 어휘 차이는 기본적으로 표준어 체제의 차이에 의해 발생한다. 북한이 평양어를 문화의 표준체계로 하면서, 사투리였던 평안도 어휘가 표준이되었고, 어휘 차이가 생겨났다.

둘째, 언어의 의미 차이다. 같은 어휘를 사용하지만 언어의 의미가 커졌다. 북한에서는 역사적으로 의미가 있는 큰 사건이라는 의미의 '사변'이라는 단어는 남한에서는

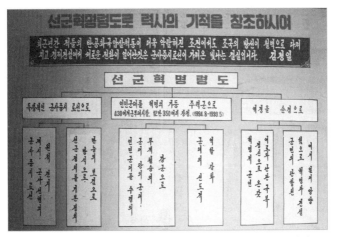

선군혁명령도로 력사의 기적을 창조하시여

최근년간 적들의 반공화국압살책동이 더욱 악랄해진 조건에서도 조국의 방위가 철벽으로 다져지고 경제전선에서 커다란 전환이 일어나게된것은 군사중시로선이 거둔 빛나는 결실입니다. 김정일

선 군 혁 명 령 도

북한 공장에 걸려 있는 구호와 선전판들. 북한의 언어생활을 살필 수 있다.

'변고'나 '난리'와 같은 부정적인 의미로 사용되고 있다. 같은 단어가 남북으로 갈라진 것이다. 북한에서 많이 쓰는 단어로 '동무'가 있다. 아름다운 우리말이지만 지금은 거의 사용하지 않는다. 북한에서는 친구라는 의미로 또는 나이 차이를 떠나 가까운 사람을 친근하게 부르는 용어이다. 이 '동무'라는 말에 이념이 작동하면서 '동무'는 북한에서만 사용하는 말이 되었다.

셋째, 일상에서 사용하는 일상 언어의 차이이다. 언어 환경의 차이에 의해 남북이 일상적으로 사용하는 어휘가 달라졌다. 남한에서 빈도수가 높은 어휘의 유형과 북한에서 사용하는 빈도수가 높은 어휘는 다르다. 북한에서 일상적으로 사용하는 '당', '혁명', '투쟁', '총화' 같은 어휘들은 남한에서는 거의 사용하지 않는다. 반면 남한에서 사용하는 '스펙', '버전', '업그레이드' 같은 어휘들은 북한 사람에게 낯선 용어이다. 북한 주민들은 우리에게 일상적인 영어 표현이나 약자는 거의 이해하지 못할 것이다.

남북의 일상 어휘 차이는 문화에 대한 낯설음으로 이어진다. 언어의 차이가 문화의 차이로 나타난다. 문화적 동질성 회복에 부정적인 영향을 미칠 것이다. 북한 이탈주민들이 겪는 언어문제도 사실은 언어 그 자체로 인한 어려움보다는 언어와 관련된 문화적 이질감의 문제이다.[5] 이런 점은 남북의 언어 통합을 위해서는 남북 문화에 대한 전반적인 이해의 폭이 넓어져야 한다는 것을 시사한다.

---

5) 새터민들의 언어 적응에 대해서는 김석향, 『북한 이탈주민의 언어생활에 나타나는 북한언어정책의 영향』, 통일부 통일교육원, 2003 참조.

남북의 언어문화

요양원에서 일하는 북한 이탈주민이 억울하다면서 고민을 털어 놓은 적이 있었다. 열심히 청소를 하고 있는데, 요양원 원장님이 지나다가 일하는 것을 보고는 격려의 말을 하였다고 한다. 원장은 '북한에서 와서 고생이 많다'면서 '자기가 식사를 대접하고 싶으니 언제든지 찾아오라'고 하였다는 것이었다. 얼마 후 북한 이탈주민은 원장이 했던 말이 생각났다. 높은 분이 직접 '언제든지 찾아오라'고 말했는데, '찾아가지 않는 것'도 예의가 아닌 것 같았다.

'아무 때나 찾아오라'고 했던 원장 말을 믿고 원장을 찾아갔다. 그런데 원장은 '갑자기 찾아오면 어떻게 하느냐'면서 화를 냈다고 한다. '전화라도 미리 하고 와야 하지 않느냐'고 성을 냈다는 것이었다. 북한 이탈주민은 당황하였다. '아무 때나 오라'고 할 때는 언제고, 이제 와서 다른 말을 한다는 것이었다. '아니 그럴 것 같으면 나를 찾아올 때는 미리 전화를 해서 약속을 하라고 말을 했어야 하지 않느냐'는 것이 북한 이탈주민의 호소였다. '언제든지 찾아오라고 해서, 믿고 찾아 갔더니 적반하장도 유분수지 원장이 화를 냈다는 것이었다. 남한 사람은 거짓말쟁이'라는 것이다.

어떻게 생각해야 할까. 원장님과 북한 이탈주민 중에 어느 쪽이 잘못한 것일까. 만약 남한 주민이 원장으로부터 같은 말을 들었다면 어떻게 행동했을까. 아마도 찾아가도 되는지를 먼저 확인할 것이다. 그리고 언제 편한지 시간을 물어보고, 약속을 잡고 찾아갈 것이다. 만약 북한이라면 어떻게 될까? '언제든지 찾아오라'고 말을 했다면 언제든지 찾아가면 된다. 원장이 말을 했으면 그 말에 대해 책임을 져야 한다. 뱉은 말을 실천하지 않는 것은 원장의 책임이다.

그 북한 이탈주민에게 남북의 언어문화 차이를 설명해 주었다. 원장이 말한 것은 그냥 '격려'의 말이었다. 원장은 자기의 마음을 표현한 것이라고 알려 주었다. 만약 정말 '식사하자'고 말하는 경우에는 시간과 장소를 정한다고 가르쳐 주었다. '언제가 좋을까. 이번 달은 좀 그렇고 다음 달 초 화요일이나 목요일이 좋을 것 같은데, 일단 그때 다른 약속 잡지 말고. 구체적인 날짜는 다시 연락해서 정하자'라는 방식으로 말한다고 알려 주었다. 구체성이 없는 약속은 약속이 아니며, 이쯤 되어야 약속을 했다고 할 수 있다고 충고해 주었다.

'내가 전화할게'라는 말이나 '지금 바빠'라는 말은 '지금 전화 받기 곤란하니까 이쯤에서 끊자'는 의미라는 것도

북한 언어의 특성을 살필 수 있는 선전화.
직설적이고 공격적인 언어문화의 특성을 보여 준다.

알려 주었다. 그냥 '지금 바쁘니까 끊어'라고 말하는 것이
상대방을 기분 나쁘게 하기 때문에 '급한 약속이 있어
서……'라는 핑계를 찾는 것이다. 남한에서는 직접적으로
말하지 않고, 에둘러 말하는 것이 상대방에게 기분 나쁘지
않게 거절하는 에티켓이라 생각한다고 알려 주었다.

　이에 반해 북한의 언어는 직설적이다. 말에 대해 상당한
신뢰와 권위를 부여한다. 남한이 '문서'를 기준으로 하는
사회라면 북한은 '말'을 기본으로 하는 사회이다. 말에 권
위가 실려 있고, 말로 통치하는 사회이다. 언어에 권위를

부여하고 실천을 강조한다. 만약 말에 권위가 없다면 북한 사회는 흔들리고 말 것이다. 북한 사회에서 가장 권위 있는 것은 법이나 제도가 아니라 최고지도자의 말이다. 북한 주민은 말의 책임과 무게에 익숙하고, 뱉은 말은 실천되어야 한다고 생각한다.

북한에서 말은 곧 신용이다. 거짓말쟁이는 신용불량자나 다름이 없다. 김병훈의 소설 「빈말은 없다」라는 작품이 있다. 소설 제목이기도 하지만 한번 뱉은 말의 진정성과 실천을 강조하는 북한 사회의 언어적 특성을 보여 주는 제목이다.

김정일 국방위원장의 현지지도를 새겨놓은 문화성혁명사진관

만경대고향집의 비문.
북한에서 최고지도자와 관련된 행적은 모든 것이 기록이 되고, 역사가 된다.

언어의 실천성을 강조한 김병훈의 소설 「빈말은 없다」

북한에서 개발된 전자출판물과 개발 장면

　북한 주민들에게는 익숙한 생활문화의 하나로 '총화'가
있다. 일간 총화, 주간 총화, 월간 총화, 반년간 총화, 연간
총화로 이어진다. 총화에서는 자신의 성과와 잘못을 말로
이야기하고 여러 사람 앞에서 말로 맹세한다. 다수의 앞에
서 말하고, 그 말을 실천한다. 북한은 말이 곧 '신용'인 것
이다.

북한의 언어정책

북한에서는 언어의 실용성을 강조한다. 언어는 알아듣기 쉽고 편해야
한다는 것이다. 알기 쉽고 편한 말을 중요시하면서 언어의 '통속성'을
강조한다.

통속성은 '인민들이 좋아하고 두루 통하는 언어'를 의미한다. 실용성이
강조되는 것이나 통속성이 강조되는 것은 누구나 쉽게 배워서 혁명사
업에 사용해야 하기 때문이다.

언어는 혁명의 수단이다

북한에서 언어는 '사람들이 사상을 나타내며 서로 교제하는 데 쓰는 중요한 수단'이며 '혁명의 수단'이다. 북한의 언어정책은 '혁명을 잘 수행하기 위한 언어의 사회적 기능'에 초점이 맞추어져 있다. 언어가 혁명을 위해서, 사회를 위해서 어떻게 기능하도록 할 것인가에 정책 방향이 맞추어져 있다. 다시 말해 언어는 '민족을 이루는 공통성의 하나'이며, '나라의 과학과 기술을 발전시키는 힘 있는 무기'이며, '문화의 민족적 형식을 특징짓는 중요한 표징'이다. 이런 언어를 "혁명과 건설의 힘 있는 무기로써 사람들의 자주적이며 창조적인 생활에 힘 있게 복무"할 수 있도록 하는 것이 언어정책의 출발이자 원칙이다.

언어의 실천성이 강조되는 것도 이런 이유이다. 언어가 혁명에 복무하기 위해서는 말에 힘이 있어야 하다. 말에 대한 신뢰가 없다면, 말에 대한 믿음이 없다면 수령님의 말씀이나 당의 교시가 의미가 없다. 말의 표면적인 의미는 곧 실질적인 의미와 같아야 한다. 북한 사회 전체가 말에 대한 권위, 신뢰, 신용이 있어야 한다.

특히 최고지도자의 말에는 무한 권위와 절대성이 부여된다. 북한 지역 어디를 가든 최고지도자의 말을 새겨 놓은 '말씀판'이 있다. 최고지도자의 말을 새겨 일상적으로 읽고 실천하게 만드는 것이다. 말은 곧 문서와 같고, 법령과 같다. 믿고 따르는 말에 표면과 이면이 따로 없다. 말의 진정성을 믿고 살아간다. 최고지도자의 말은 다양한 형태로 전해진다. 어떤 경우에는 연설로, 어떤 경우에는 담화로, 어떤 경우에는 대담으로, 어떤 경우에는 편지로 전달된다. 형태가 어떻든 최고지도자의 권위는 변함이 없다. 최고지도자의 언술 일체가 공식화된 문건이다. 최고지도자의 언술은 법보다 강하다. 법은 최고지도자의 말을 실천하기 위한 수단이다. 북한에서는 최고지도자의 언술만이 유일한 기준이다.

반면에 민주주의 사회에서는 여러 목소리가 존재한다. 어떤 정책이 나오면 거기에 대해서 찬반의 의견을 다양하게 표출할 수 있다. 정책 자체를 찬성이나 반대하는 경우도 있고, 정책은 찬성하지만 시기와 방법, 대상을 두고 반대하기도 한다.

또한 다양한 목소리를 낼 수 있다. 다양한 목소리를 내는 것은 민주주의의 기본이다. 법이 중요하다. 만 마디의 말보다 한 번의 서명(sign)이 훨씬 더 중요하다. 서면으로 확인해야 법적 구속력이 생긴다. 법이 우선하는 사회이기 때문이다. 이에 반해 북한은 다양한 목소리를 낼 수 있는

북한 언어의 특성을 살필 수 있는 구호벽화

사회가 아니다. 최고지도자의 말이나 당의 이름으로 제시된 것은 무조건적으로, 절대적으로 반드시 지켜야 한다. 최고지도자의 의견에 대해서는 일체의 반대도 없다. 비판의 권리는 오직 최고지도자에게만 주어져 있다. 말의 권위가 떨어지면 체제 유지도 힘들어진다. 일단 당의 이름으로 발표되면, 반드시 실천되어야 한다. 그래야 말의 권위가 유지될 수 있다. 북한은 '말의 사회'이기 때문이다.

김일성 주석과 김정일 국방위원장이 다녀간 것을 기념하여 세운 기념비.
북한의 명산이나 풍경이 좋은 곳에서는 쉽게 볼 수 있다.

과학기술은 강성대국건설의 힘있는 추동력입니다. 높은 과학기술이 없이는 강성대국을 건설할수 없습니다. 김정일

북한은 '말'의 사회이다. 거리 곳곳에서 이른바 '말씀판'을 볼 수 있다.
사진은 인민대학습당에 걸려 있는 말씀판.

아름다운 언어를 사용하자

북한의 언어생활에서 강조하는 것은 아름답고 품위 있는 언어생활이다. 올바른 언어 사용과 언어 예절을 공산주의 도덕의 하나로 강조한다. 특히 말하기 교육이 강조된다. 말할 기회가 많기 때문이다. 독보회 시간에는 ≪로동신문≫이나 '교시', '강령'을 읽어야 하고, 총화시간에는 발표도 해야 한다. 낭독이나 낭송의 시간이 많다.

여러 사람 앞에서 말을 하기 위해서는 언어생활이 바람직해야 한다. 언어는 인격이기 때문에 말하는 것을 들어보면 인격을 짐작할 수 있다. 아무리 말끔하게 잘 차려입은 사람이라도 말이 거칠고 상스러우면 품위가 없어 보인다. 많이 배웠다고 하는 사람들도 언어가 거칠면 교양 없어 보인다. 언어의 사회적 기능을 잘 수행하기 위해서는 언어생활이 아름다워야 한다고 보는 것이다. 북한에서는 아름다운 언어생활을 위해 두 가지를 주문한다. 먼저 언어 자체를 아름답게 해야 한다. 다른 하나는 언어를 사용하는 사람의 언어생활이 아름다워야 한다는 것이다.

아름다운 언어를 만들기 위해서 시작한 것이 '말다듬기 사업'이었다. '말다듬기 사업'은 순수한 우리말을 지키기 위해서, 우리말을 아름답게 가꾸고 사용하자는 사업이다.

'말다듬기 사업'을 아름다운 말을 지키는 사업, 곧 고유한 민족어의 순수성을 지키기 위한 혁명사업의 하나로 인식하고, 국가적 차원에서 대대적으로 전개하였다. 물론 그 이면에는 정치적인 목적도 있었다. 즉, 남북의 언어정책을 비교하면서 북한이 올바른 언어정책을 사용하고 있다는 점을 강조하기 위한 목적이 그것이다.

북한에서는 남한의 언어에 대해 '외래어가 뒤섞인 잡탕말'이라고 비판한다. 마음 아프지만 일정 정도 맞는 것 같다. 일상생활에서 우리말보다는 영어가 더 많이 사용되는 것이 현실이다. 어떤 경우에는 정확한 의미도 없이 남용되는 경우도 허다하다.

"자 퀴즈, 가든하면 생각나는 것은?",
"쏘가리매운탕, 토종닭, 백숙"

"선배님 이거 마늘빵 드세요",
"뭐! 나 갈릭아니면 안 먹는거 몰라"

"우리말, 한자, 영어의 힘센 순서는?",
"보통, 특(特), 스페셜(special)"

영어교육을 강조하다 보니 부작용도 있다. 국제화 시대 영어교육이 강조되면서 대학에서도 영어 강좌가 많아졌다. 하지만 무분별한 영어교육이 오히려 교육을 망친 사례도 적지 않다. 국문과에서도 예외 없이 영어 강좌가 개설된 것이다. 국어국문학과 교수로 있는 후배가 영어강의 어려움을 호소한 적이 있었다. 국문학 일반 작품뿐만 아니라 고전문학 작품도 영어로 강의해야 한다는 것이다. 윤선도의 '어부사시사'를 강의해야 할 때는 'Fisherman and four seasons song'이라는 제목으로 강의하면서, 고어(古語)의 의미와 맛을 어떻게 이해할 것인가에 대해 고민했다고 한다. 강의하는 선생이나 학생이나 영어가 익숙하지 않아 강의 자체의 열정과 흥미도 반감한다는 것이다. 강의시간에 토론이나 질의응답은 없고, 필요한 것은 메일로 주고받는다고 하였다.

이것이 특별한 사례라고 치부할 수 없는 남한교육의 엄연한 현실이다. 영어교육은 중요하지 않다는 것이 아니다. 필요한 사람에게 접근이 용이하도록 하면 된다. 국문학 강좌 시간에 그것도 고전문학까지 영어로 강의해야 한다는 것은 이해할 수 없는 부분이다. 학교마다 외국어 강좌를 개설하다 보니 웃지 못할 일도 생겼다. 대학에서 개설하는 외국어 강좌는 단순히 영어나 불어, 중국어 등 외국어로 진행하는 강좌를 의미하지 않는다.

모국어를 모국어로 강의하는 것은 외국어 강의가 아니다. 다시 말해 한국어를 한국어로 말하면 외국어가 아니듯이 스페인어 강좌를 스페인어로 하면 외국어 강좌가 아니다. 동일한 외국어가 아닌 다른 외국어로 강의하는 것이다. 불어 강좌를 불어로 강의하면 외국어 강의가 아니다. 하지만 불어 강좌를 독일어나 영어, 중국어, 태국어로 수업을 하면 외국어 강의가 된다. 그러다 보니 태국어를 영어로 강의하고, 불어로 이탈리아어를 강의하는 일도 생겼다.

여하튼 남한에서 영어에 대한 비중은 매우 높다. 영어교육은 중요하다. 세계화 시대 영어의 중요성은 아무리 강조해도 지나침이 없다. 하지만 모국어의 발전 없이 외국어의 발전은 기대하기 어렵다. 우리말이 다양하고 풍부해야 외국어 역시 다양하고 풍부해진다. 언어가 소통되기 위해서는 양쪽의 언어가 풍부하고 다양해야 하기 때문이다. 언어교육은 언어를 필요로 하는 사람들에게 다양한 접근 통로를 열어주는 것이 핵심이다. 영어에 '올인(all-in)'하는 교육은 올바른 교육이 아니다.

북한에서 우리말 사용을 강조한다고 해서 일상생활에서 외래어가 없는 것은 아니다. 상대적으로 외래어가 적기는 하지만 순수한 우리말만 사용하는 것은 아니다. 특히 일본어의 잔재가 많이 남아 있다. 어떤 북한 이탈주민은 남한 사람들이 '컵'이라고 말하는 것에 대해 불만을 제기한 적이 있었다. "아니 왜 우리말을 나두고 영어를 씁니까. 고뿌라고 해야지"라고 말하는 것을 들은 적이 있다. '고뿌'는 '컵'의 일본식으로 발음이다. 일본에서는 올림픽을 '올림피크', 스타트를 '스타또'라고 하듯이 컵을 '고뿌'라고 발음한다. 일제 강점기에 들어온 일본식 발음이 일상에서 통용되면서 굳어진 것이다. 자연스럽게 일상에서 사용하면서 외래어라는 감각이 없어진 것이다. 이처럼 일상적으로 사용하는 외래어를 우리말로 이해하는 경우도 제법 많다. 일상적으로 쓰는 '테제'와 같은 말도 외래어라고 생각하지 않는다.

어떤 사회이든 외래어를 배척할 수는 없다. 현대사회에서 외래어는 자연스러운 현상이다. 사회가 변화되고 발전하는데, 언어라고 해서 우리 것만 고집하는 것은 바람직하지도 않을 뿐만 아니라 불가능한 일이다. 과학기술 분야나 정보통신 분야, 의약 분야와 같은 분야는 물론 문화예술 분야에서 국제교류가 있는 한 외국어 사용은 필연적인 현상이다.

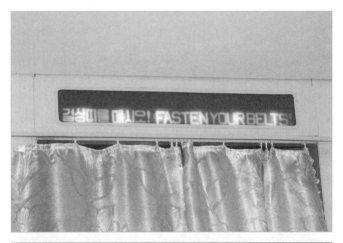

고려항공의 안전띠 착용 문구

인민대학습당의 영어교육 장면.
북한에서도 영어는 가장 중요한 외국어이다.

과학과 기술이 발전하고 사회가 전진하는데 따라 우리말의 어휘도 더 늘어가야 할 것입니다. 우리는 새 단어도 많이 만들어야 합니다.

그런데 새로 나오는 말들은 우리 말 어근에 따라 만드는 것을 원칙으로 하여야 합니다. 단어체계를 고유어와 한자어의 두 체계로 하여 복잡하게 만들 필요가 없습니다. 단어는 우리 고유어에 근거하여 하나의 체계로 만들어야 합니다. 동무들은 우리 말 어근이 얼마나 되고 한자어근이 얼마나 되는지 조사하여 통계를 내볼 필요가 있습니다. 우리 말 어근이 적기때문에 자꾸 한자어가 들어오지나 않는지도 알아보아야 합니다. 우리 말 어근만 가지고 안된다면 딴 문제이지만 그렇지 않은 한 우리는 우리 말 어근으로 조선어를 발전시켜야 합니다.

례를 들어 ≪못≫이라는 우리 말을 가지고 ≪나사못≫, ≪타래못≫, ≪나무못≫과 같이 새로운 단어를 만드는 것이 좋습니다. 그러나 요즘 나오는 단어들을 보면 ≪돈육≫, ≪자돈≫, ≪모돈≫, ≪묘목≫, ≪묘포전≫과 같이 젊은 사람들은 모를 것이 많습니다. 우리가 한자를 그냥 쓴다면 몰라도 한자를 쓰지 않는 조건에서 이런 말을 자꾸 만들어내서는 안됩니다. ≪뽕잎≫, ≪뽕밭≫, ≪뽕나무≫라고 하면 될 것을 ≪상엽≫, ≪상전≫, ≪상목≫이라고 말하는데 한자를 아는 사람들은 이런 말도 알수 있으나 젊은 사람들은 알수 없을 것입니다. ≪상전≫이라고 쓰면 아마 젊은 사람들은 괴뢰들이 미국놈을 자기들의 주인으로 모신다고 욕할 때 쓰는 ≪상전≫과 헛갈릴수 있습니다. ≪누에치기≫, ≪명주≫, ≪명주실≫이라는 좋은 말이 있는데 ≪양잠≫이니, ≪잠견≫이니, ≪잠사≫니 하는 말을 쓰며 ≪돼지우리≫라고 하면 될 것을 ≪돈사≫라고 하며 ≪열아홉살≫이라고 하면 될 것을 ≪십구세≫라고 하는 것도 다 잘못입니다.

≪담배≫라는 좋은 말이 있는데 무엇때문에 ≪연초≫라는 말을 쓰겠습니까? ≪석교≫라는 말도 ≪돌다리≫라고 쓰는

것이 좋습니다.

물론 이미 우리 말로 완전히 되여버린 한자어까지 버릴 필요는 없습니다. ≪방≫, ≪학교≫, ≪과학기술≫, ≪삼각형≫과 같은 말은 다 우리 말로 되였습니다. 우리가 ≪학교≫를 구태여 ≪배움집≫으로, ≪삼각형≫을 ≪세모꼴≫로 고칠 필요는 없습니다. 이 것은 하나의 편향입니다.

또한 ≪업≫이라는 말도 없앨수 없을 것 같습니다. ≪사업≫, ≪농업≫, ≪공업≫과 같은 말은 다 써야 합니다.

― 김일성, 「조선어를 발전시키기 위한 몇가지 문제」, 언어학자들과 한 담화, 1964년 1월 3일.

한글과 영어로 표기된 제13차 평양영화축전 포스터

언어는 실용이다

북한에서는 언어의 실용성을 강조한다. 언어는 알아듣기 쉽고 편해야 한다는 것이다. 알기 쉽고 편한 말을 중요시하면서 언어의 '통속성'을 강조한다. 통속성은 '인민들이 좋아하고 두루 통하는 언어'를 의미한다. 실용성이 강조되는 것이나 통속성이 강조되는 것은 누구나 쉽게 배워서 혁명사업에 사용해야 하기 때문이다.

우리에게 '혁명'이란 곧 정치적 상황만 연상된다. 하지만 북한에서 혁명이란 의미는 정치에서부터 일상에 이르기까지 폭넓은 의미로 사용된다. 정치에서의 큰 변혁은 물론 사회에서의 작은 변화까지 다양하다. 간단히 말하자면 주어진 상황이나 상태를 새롭게 고치는 모든 것이 혁명사

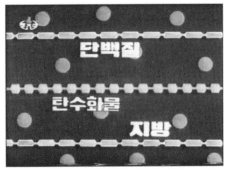

북한 과학영화의 한 장면

업에 해당한다.

혁명이라는 말과 비슷한 용어로 '과학'이 있다. 북한에서 과학은 어떤 경우에는 '순수과학'을 어떤 경우에는 첨단 기술을 의미하기도 한다. 하지만 과학은 이공계에만 해당하지 않는다. 생활에서 합리적으로 사유하는 것이나 역사의 흐름을 설명하는 용어로도 사용된다. 자연과학, 기술을 포괄하여 광범위하게 쓰인다. 자본주의에서 사회주의, 사회주의에서 공산주의로 역사가 발전한다는 주장 역시 역사발전의 과학으로 설명한다.

언어를 통해 혁명을 하자는 것은 언어를 통해 인민생활을 변화시키자는 의미다. 알아들을 수 있어야 하기 때문에 언어가 쉬워야 하는 것이다. 알기 쉬운 문체, 알기 쉬운 언어를 강조하는 것도 무엇이라고 말하는 것인지 모르고서는 아무 것도 할 수 없기 때문이다. 이를 '인민성의 원칙'이라고 한다. '인민성의 원칙'이란 알아듣기 쉽게, 이해하기 쉽게 해야 한다는 원칙이다. 인민을 위한 정책의 기본 원칙인데, 언어에서도 적용된다. 인민이 알기 쉽게 이해할 수 있도록 언어를 사용하라는 것이다.

북한 과학영화의 한 장면

언어가 혁명의 도구로 기능하기 위해서는 사회주의 조선의 현실에 맞아야 한다. 현실에 맞으면서도 고상해야 한다. 혁명사업에는 높은 문화생활이 포함되기 때문이다. 그래서 '고유한 우리말을 적극 살려 쓰는 사람이 유식하고 민족적 긍지와 자부심, 애국심이 높은 사람'이라고 평가한다. '자기 민족의 언어를 사랑하는 것이 곧 애국자이며, 공산주의자'라고 평가한다.

참다운 애국자는 공산주의자입니다. 오직 공산주의자들만이 자기 나라 말을 참으로 사랑하고 발전시키기 위하여 힘쓰는 것입니다. 공산주의자들인 우리는 우리말의 민족적특성을 살리고 그것을 더욱 발전시켜 나가야 합니다. 공산주의자가 아니라고 하더라도 민족적량심을 가진 조선사람치고 우리말의 민족적 특성이 없어져가는 것을 좋아할 사람은 하나도 없을 것입니다.

— 김일성, 「조선어의 민족적특성을 옳게 살려나갈데 대하여-언어학자들과 한 담화」, 1966년 5월 14일.

1. 인민군대아저씨들이 미제승냥이놈 땅크를 처음에 6대 까부셨습니다. 다음에 2대 까부셨습니다. 두번에 몇대 까부셨습니까?

2. 토끼 4마리와 토끼 5마리로 더하기 문제를 만들어 보시오.

3. 로동자아저씨들이 드락또르를 2대 만들었습니다. 이제 7대 만들면 몇대 되겠습니까?

4.

더하는수	7	6	5	4	3	2	1
더하는수	3	4	5	6	7	8	9
합							

5. 더하기, 덜기암산놀이를 하시오.

93

4. 65 + 24   53 + 14   76 + 23
   43 + 51   61 + 27   28 + 31
5. (암산)
   50 - 20   43 + 5   72 + 7
   63 - 60   32 + 4   40 - 20
6. 색종이를 가위로 한번 베여서 3각형과 4각형이 되게 하시오.
1. 28 + 36   37 + 16   49 + 14
   17 + 45   38 + 24   27 + 26
2. 34 + 28   12 + 39   15 + 17
   16 + 28   23 + 19   27 + 28
3. 남조선의 한 거리에 구두를 닦는 소년이 26명 있고 신문을 파는 소년이 38명 있습니다. 구두를 닦는 소년과 신문을 파는 소년이 합하여 몇명입니까?
4. 교실에서 토끼우리까지는 55m이고 토끼우리에서 꽃밭까지는 27m입니다. 교실에서 토끼우리를 거쳐 꽃밭까지 가려면 몇m 걸어야 하겠습니까?
5. 하나의 자리의 수자와 열의 자리의 수자를 서로 바꾸어 쓴 두 수를 더한 합이 88이 되는 다른 식을 써보시오.
   26 + 62 = 88

151

소학교 수학교과서

언어는 인민생활의 결산

주체사상에서는 인민대중의 역사적 기능과 역할을 강조한다. 즉, 인류역사는 인민대중이 이끌어 왔다는 것이다. 주체사상의 관점은 언어정책에도 반영되었다. 그래서 언어에서도 인민대중을 강조한다. 북한 언어학자들은 우리말의 기원에 대해서도 인민성을 강조한다. 동북아시아에 흩어져 살던 우리 선조들은 국가가 형성되기 이전부터 같은 언어를 사용했었다고 주장한다.

B.C. 3천 년 초 우리 민족의 시조 단군에 의해 평양을 중심으로 첫 노예 소유 국가인 고조선이 세워지면서 우리말은 그 이전의 단순한 종족어의 테두리를 벗어나 당당한 '민족어'로 발전했다는 것이다. 그리고 첫 민족글자인 '신지 글자'를 갖게 됨으로써 우리말과 글은 새로운 발전단계에 들어섰다고 한다.

우리말은 적어도 수만 년 전에 형성된 이후 다른 나라의 말들과 통합되거나 갈라진 적이 없이 한 갈래로만 발전하면서 단일한 조선말을 사용했다는 것이다. 우리말은 고대부터 고조선, 부여, 마한, 진한, 변한 등의 여러 종족어들과 국가어들로 갈라져 쓰이다가 신석기 시대에 이르러 확고하게 단일어로 자리를 잡았다는 것이다. 원시 시기

나 고대 시기의 언어를 분석해 보아도 조선어 비슷한 갈래나 다른 갈래의 말이 섞여 있는 것을 찾을 수 없다는 것이다. 우리 민족은 오랜 언어공동체였다는 것이다. 삼국시대에는 고구려어, 백제어, 신라어로 갈라져 있었지만 그 차이는 지역적 방언의 차이였지 계통은 하나였다는 것이다. 이러한 언어의 단일성은 일제강점기 때에도 굳건히 지켜지고 보존되어 왔다는 것이 민족어의 단일성을 강조하는 핵심이다.

과연 그럴까? 신라군과 백제군이 만나서 대화를 하면 잘 통할까? 알 수는 없다. 국어학자들의 견해도 '가능하였을 것'이라는 견해와 '가능하지 않았을 것'이라는 견해로 나뉜다. 삼국시대를 배경으로 한 영화 〈황산벌〉에서는 신라군과 백제군이 경상도 사투리와 전라도 사투리로 말하는 게 나온다. 김유신이 이끄는 신라군이 계백이 이끄는 백제군으로부터 중요한 기밀을 입수한다. 하지만 기밀을 해석하지는 못한다. 백제군이 써 놓은 '거시기'의 의미를 해석하지 못한다. 코믹하게 재현한 영화이기는 하지만 당대 사회의 언어를 상상해 볼 수 있는 실마리는 제공한다. 신라와 백제는 말로 통할 수 있었을까? 아니면 한자(漢字)를 통해 글을 써서 통하였을까? 그도 아니면 역관(譯官)을 통해서 이야기할 수 있었을까?

북한에서는 한글의 우수성에 대해서 높이 평가한다. 한글은 "발음기관의 움직임과 발음상 특성을 심오하게 분석한 데 기초해서 만든 과학적인 글자로써 세계 글자 역사에 가장 빛나는 자리를 차지하고 있다"고 평가한다. 한글의 우수성에 대해서는 세계적으로도 인정받았다. 유엔 산하 기구의 하나인 유엔교육과학문화기구(유네스코)에서 시행하는 여러 종류의 상(賞) 중에서 '세종상'이 있다. '세종상(賞)'은 문맹 퇴치사업에서 공적이 있는 나라들에 주는 상이다. 훈민정음을 창제한 세종대왕의 이름을 따서 '세종상'이라고 이름을 붙였다. 한글이 우수하다는 것을 세계적으로 인정한다는 증거이다.

남한에서는 한글날이 10월 9일이다. 10월 9일은 훈민정음이 반포된 세종 28(1446)년 음력 9월 마지막 날인 29일을 양력으로 환산한 날이다. 북한에서는 '훈민정음 창제일'로 기념한다. 훈민정음 창제일은 세종 25(1443)년 음력 12월이다. 12월을 양력으로 계산해서 가운데 날인 1월 15일을 기준으로 하여, 이 날을 훈민정음 창제일로 정하고 기념하는 것이다.

우리 민족어가 순수한 계통을 유지했다는 측면과 그렇지 않다는 논쟁에서 핵심은 한국어의 계통을 '어디까지로 볼 것인가' 하는 점이다. 북한은 역사적으로 고구려의 중

만수대창작사에 전시 중인 한글 서예작품

요성을 강조한다. 역사에서뿐만 아니라 언어에서도 고구려 중심의 언어 발전을 주장한다. 고구려 중심의 역사관을 견지하는데, 언어에서도 고구려가 중심이었다는 것을 강조하는 것이다. 고구려어 중심설은 고구려말이 우리말의 원류로서 고조선 시기의 조선말을 이어받아 더욱 발전시켰다는 것이 핵심이다. 고구려말이 조선말 발전에서 원줄기를 이루고 주도적인 역할을 하였다는 것이다. 이처럼 북한에서는 언어의 중심을 고구려에 두고 민족어의 순수성을 지킬 것을 강조한다.

북한에서 강조하는 민족어의 순수성을 지키는 문제는 북한의 정책과 관련된다. 북한 언어정책의 기본이자 제1차적 과제는 외래어로부터 언어의 순수성을 지키는 것이다. 언어의 순수성을 강조하는 이면에는 국제사회의 개방

인민대학습당 민족고전실의 고전자료들

을 허용하지 않겠다는 의도가 있다. 북한은 민족어로서 언어의 순수성을 지키기 위해서는 제국주의 문화침략에 맞서야 한다는 것을 강조한다.

'낡은 언어'의 잔재를 뿌리 뽑지 못하고, 민족어의 순수성을 지키지 못하면 제국주의만이 좋아할 것이라는 것이다. '지난날의 착취와 압박을 받아보지 못한 새 세대들이 이전 세대들의 본을 따서 그런 말을 망탕(마구)되도록 외운다면 그것이 훗날 유래가 희박해지고 습관적으로 고정돼 낡은 언어 잔재가 우리의 언어생활 속에 깊숙이 끼어들 수 있다'는 것이다. 이를 막고, 우리말을 지키기 위해서는 대외교류를 제한해야 한다는 것이다.

북한에서는 문화교류를 순수한 민족어에 대한 침략으로 본다. 제국주의자들이 각종 선전수단과 상품광고를 통해 퇴폐적인 부르주아 생활방식과 자유화의 독소를 북한 사회 내부에 유포시키려고 책동한다는 것이다. 언어는 곧 제국주의자의 침략 수단의 하나이기 때문에 올바른 언어생활을 통해 민족어의 순수성을 훼손시키려는 제국주의 침략에 맞서야 한다는 것이다.

언어이자 곧 민족이며 주체성과 민족성을 철저히 고수해 나가는 것이 민족어문제를 빛나게 해결하는데서 틀어쥐고 나가야 할 근본원칙으로 된다는 것이 경애하는 김정일장군님의 확고한 립장이다. 우리 민족어를 끝없이 빛내여 나가시는 경애하는 장군님의 령도의 현명성은 무엇보다도 우리말과 글의 순결성을 철저히 고수해 나가도록 이끌어 주시는 데 있다.

— ≪로동신문≫, "민족어를 빛내이는 위대한 령도", 2000년 5월 22일.

언어정책도 민족어의 순수성을 강조하는 방향으로 모아졌다. 북한은 자신의 언어정책에 대해 긍정적으로 평가한다. '힘들고 파악 없는(알기 어려운) 한자어, 외래어들, 일

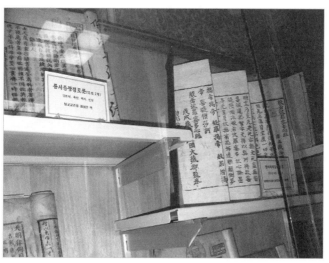

인민대학습당 민족고전실에 전시 중인 고전자료들

제식민지 통치의 잔재인 일본식 한자어와 일본말 찌꺼기들, 지난날 봉건 통치배들을 내세웠거나 외래 침략자들이 남긴 고장 이름들, 비속하고 비문화적인 말을 비롯하여 우리말의 주체성, 민족성을 좀먹고 인민들의 사상의식과 문화정서 교양에 부정적 영향을 주는 어휘들'이 정리되었다는 것이다. 이런 부정적인 어휘들은 아름다운 우리말로 다듬어졌다는 것이다.

북한 언어정책은 언어를 철저하게 정치적 차원에서 접근한다. 북한은 정치 과잉의 사회이다. 생활도 문화도 언어도 정치로부터 벗어날 수 없다. 언어문제도 예외가 아니다. 언어의 정치성은 문화어 제정으로부터 출발하여 우리말 다듬기, 순수한 민족어를 지킨다는 명분으로 진행된 언어 통제에 이르기까지 모든 영역에서 지속적으로 작동하고 있다.

조선민화집 『고주몽』의 한 페이지

연극 <오늘을 추억하리>의 한 장면.
일상 어디에서나 정치와 언어는 떨어질 수 없다.

북한의 언어 문법

말다듬기 사업에도 예외가 있었다. 정치용어였다. 한자이든 영어이든 정치용어는 예외로 하였다. 정치용어는 사상교육에 활용하기 위해 한 자어라 할지라도 우리말로 다듬지 않았다. 정치용어에서 한자 사용을 예외로 한 것은 의미 전달이나 활용성 때문이었다. '선군정치', '결사옹 위' 같은 용어를 풀어서 쓸 경우에는 의미는 쉽게 전달되겠지만 구호로 사용하기에는 부적절한 말이 된다.

남북의 갈림, 언어의 분단으로 이어지다

1948년까지 남북의 언어체계는 큰 차이가 없었다. 하지만 1948년 '조선어 신철자법'을 제정하면서부터 달라졌다. 이후 남북의 언어 차이는 시간이 흐를수록 차이가 커졌다. 북한의 언어규범은 1954년의 '조선어철자법', 1966년 6월의 『조선어규범집』, 1987년 5월의 『조선어규범집』(수정판) 등에서 큰 변화가 있었다.

남북의 언어 차이는 흔히 예로 드는 어휘적 차이 말고도 발음, 억양, 표현, 그리고 한글맞춤법과 외래어 표기법 등에서도 차이가 있다. 일상이 달라지면서 언어에서도 남북한 주민을 갈라놓기에 이르렀다.[6] 그 결과 남북의 언어는 방언의 차이를 넘어서 남북 주민의 원활한 의사소통을 어렵게 하고 있다.

북한의 언어학 연구는 1947년 2월 인민위원회 결정에 따라 창립된 조선어문연구회로부터 시작하였다. 조선어문연구회는 1946년 7월 민간단체로 출범하였다. 이후 1947년 2월 인민위원회 제175호 결정, 1948년 10월 2일 내각 제4차

---

6) 정호성, 「남북한 어문 규정 비교」, 『새터민을 위한 표준어 교육 교재』, 국립국어원, 2011, 9쪽.

회의에서 내각결정 제10호에 의해 교육성 산하 언어정책을 추진하는 공식기구가 되었다. 조선어문연구회는 1949년 3월부터 『조선어연구』(월간)를 창간한 데 이어 1949년 12월부터 『조선어문법』을 발간하면서 언어학 연구 활동을 전개하였다. 그러다 1952년 과학원이 창립되어 조선어 및 조선문학연구소가 이를 이어받아 언어정책을 관장하고 있다.

남북의 언어 분단이 본격화된 것은 1960년대였다. 남북의 언어가 정책의 차이가 있었다고는 하지만 1960년대 이전까지는 언어정책에서 근본적인 차이는 크지 않았다. 김일성의 견해에서도 확인할 수 있다. 김일성은 1964년까지는 언어는 민족의 문제로 보고 문자개혁에 대해 분명하게 반대하였다. 남북이 같은 문자를 쓰고 있는데, 문자개혁을 하게 되면 다른 글자를 쓰게 되고, 문자가 통하지 않을 것이라고 하였다.

지난날 언어학문제, 특히 문자개혁문제에 대하여 여러번 론쟁이 있었습니다. 어떤 사람들은 문자개혁을 곧 하자고 하였으나 우리는 그 것을 결정적으로 반대하였습니다. 우리가 문자개혁론을 반대한 중요한 리유는 무엇입니까? 첫째로, 어떤 사람들은 언어문제를 민족문제와 결부시키지 않았습니다. 언어는 민족을 특징짓는 공통성가운데서 가장 중요한 것의 하나입니다. 피줄이 같고 한령토안에서 살아도 언어가 다르면 하나의 민족이라고 말할 수 없습니다. 조선인민은 피줄과 언어를 같이하는 하나의 민족입니다. 미제의 남조선강점으로 말미암아 우리나라가 남북으로 갈라져있지만 우리 민족은 하나입니다. 지금 남조선사람들이나 북조선사람들이나 다 같은 말을 하고있으며 같은 문자를 쓰고있습니다. 그런데 만일 우리가 그들의 주장대로 문자개혁을 한다면 어떻게 되겠습니까? 남북조선사람들이 서로 다른 글자를 쓰게 되면 편지를 써보내도 모르게 되고 신문, 잡지를 비롯한 출판물들도 서로 알아볼수 없게 될 것입니다. 이것은 조선인민의 민족적공통성을 없애며 결국은 민족을 갈라놓는 엄중한 후과를 가져오게 될 것입니다. 그들은 자기의 문자개혁만 보고 민족이 갈라지는 것은 보지 못하였습니다. 우리 공산주의자들은 자기 민족을 갈라놓는 그 어떠한 문자개혁도 절대로 허용할 수 없습니다.

— 김일성, 「조선어를 발전시키기 위한 몇가지 문제」, 언어학자들과 한 담화, 1964년 1월 3일.

김일성의 담화를 보면 언어문제를 둘러싸고 북한 내분의 논쟁이 있었다는 것을 알 수 있다. 김일성의 담화는 언어학자가 주장한 '문자개혁'의 필요성에 대한 입장을 정리

한 것이었다. 언어가 달라지면 서로 뜻을 알아보지 못하게
되고 민족을 갈라놓게 되기 때문에 문자개혁을 허용할 수
없다고 하였던 것이다.

그런데 김일성의 문자개혁 반대 입장은 오래가지 않았
다. 언어가 달라지면 서로 알아보지 못하게 되고 민족을
갈라놓는 것이라는 주장은 얼마가지 않아 새로운 주장으
로 대체되었다. 북한의 언어정책이 변화된 것은 1966년이
었다.

1966년 북한의 언어정책 변화는 『조선어규범집』으로
구체화되었다. 이전까지 북한의 언어정책은 김두봉에 의
해 주도되었다. 김두봉은 초대김일성종합대학 총장을 지

직설적인 북한언어의 특성을 살필 수 있는 선전화

낸 언어학자였다. 그런 김두봉이 '8월 종파사건'으로 숙청
되면서 북한의 언어정책도 근본적인 변화를 겪게 되었다.
언어정책에도 주체사상이 적용되었다. 북한은 민족어의
순수성을 지켜 나가야 한다는 것을 명분으로 새로운 표준
체제인 문화어 제정에 착수하였다. 김일성은 1966년 5월
14일 언어학자들과 한 담화인 「조선어의 민족적특성을 옳
게 살려나갈데 대하여」에서 표준어로 사용하는 서울말을
비판하면서 새로운 언어표준체계를 요구하였다.
서울말은 '남존여비사상 썩어빠진 부르주아적 생활이 지
배하는 말', '고유한 우리말은 얼마 없고 영어, 일본말 한

북한의 공장벽에 걸려 있는 구호판.
선동적인 구호와 전투적인 용어가 일상화된 북한의 언어생활을 살필 수 있다.

자어가 섞인 잡탕말'이라는 것이었다. 우리말을 지키기 위해서는 사회주의적 민족문화가 꽃피는 혁명의 수도 평양의 아름다운 말을 표준어로 삼을 것을 지시하였다.

서울은 다른 나라 말들이 판을 치고 있으며 외래어의 '홍수지대'로 전변되었다. 서울말은 영어와 일본어, 한자어가 뒤섞인 잡탕말로 변질되었으며 우리말의 민족적 특성과 고유성이 점차 사라진 말로 되었다. 각종 간판이나 상품광고 같은 것도 다른 나라 말로 써붙이고 있으며 일상적으로 주고받는 말도 영어나 일본어를 뒤섞어 하는 것이 유행되고 있다. 심지어 야비하고 비속한 여러 가지 말마디들과 유행어들이 망탕 쓰이고 있는 형편이다.

　— 최정후, 「민족어발전에 관한 리론」『위대한 령도자 김정일동지의 사상리론: 언어학』(사회과학출판사, 1996), 54쪽.

언어의 민족성은 북한이 문화어라는 새로운 언어 표준 체계를 정립하는 과정에서도 강조되었던 점이다. 김일성은 '남조선(남한)'의 언어 사용을 문제 삼았다. '남조선'의 언어는 역사적 잔재를 청산하지 못해 '영어나 일본말'은 물론 중국 사람들까지 잘 쓰지 않은 한자를 쓰고 있다는 것이다. 남조선의 언어생활이 이렇다 보니 우리말이라고는 '을(를)' 같은 토시만 남아 있는 상황이라는 것이다.

이렇게 하다가는 우리 민족의 언어가 없어질 수도 있다고 하였다. 새로운 언어 표준 정립을 위한 명분이었다. 그리고는 서울말이 아닌 새로운 표준어 체계를 만들 것을 지시하였다. 이런 이유를 명분으로 현재 '문화어'라고 부르는 북한의 표준어 체계가 자리 잡게 되었다. 북한은 표준어와 다른 별도의 언어 표준 체계를 선언하면서 평양어를 중심으로 하는 문화어 체계를 세워야 한다고 주장하였다. 그 이유는 네 가지로 설명하였다.

첫째, 평양어는 민족어의 모든 말소리를 나타낼 수 있을 뿐만 아니라 '각이한(서로 다른) 지역의 방언'들의 말소리를 충분히 나타낼 수 있다는 것이었다. 둘째, 평양어는 표현이 다양하고 풍부하여 다른 나라 말의 발음도 원만히 표현할 수 있다는 것이다. 평양어를 표준으로 하게 되면 특히 외국어 표기에 유리하다는 것이다. 셋째, 평양어는 어휘 구성이 풍부하다는 것이다. 넷째, 평양어는 정치, 경제, 문화, 군사 등 사회생활의 모든 대상과 현상들을 전부 민족글자로 표기하는 등의 언어적 우수성을 갖고 있다는 것이다.

북한의 담배.
대부분의 상호가 영어로 되어 있는 남한과 달리 우리말로 된 상품이 대부분이다.

북한호텔의 외국상품 진열대

문제는 남조선에서 쓰고있는 말에 있습니다. 지금 남조선 신문 같은 것을 보면 영어나 일본말을 섞어쓰는 것은 더 말할 것도 없고 한자말은 중국사람들도 쓰지 않는 것까지 망탕 쓰고있습니다. 사실 남조선에서 쓰고 있는 말에서 한자말과 일본말, 영어를 빼버리면 우리 말은 ≪을≫, ≪를≫과 같은 토만 남는 형편입니다. 언어는 민족의 중요한 징표의 하나인데 남조선에서 쓰고있는 말이 이렇게 서양화, 일본화, 한자화되다보니 우리 말 같지 않으며 우리 말의 민족적특성이 점차 없어져가고있습니다. 이 것은 참으로 위험한 일입니다. 이 것을 그대로 두다가는 우리 민족어가 없어질 위험도 있습니다.

(…중략…)

우리 말을 발전시키기 위하여서는 터를 잘 닦아야 합니다. 우리는 우리 혁명의 참모부가 있고 정치, 경제, 문화, 군사의 모든 방문에 걸치는 우리 혁명의 전반적 전략과 전술이 세워지는 혁명의 수도이며 요람지인 평양을 중심으로 하고 평양말을 기준으로 하여 언어의 민족적특성을 보존하고 발전시켜나가도록 하여야 하겠습니다. 그런데 ≪표준어≫라는 말은 다른 말로 바꾸어야 하겠습니다. ≪표준어≫라고 하면 마치도 서울말을 표준하는 것으로 그릇되게 리해될 수 있으므로 그대로 쓸 필요가 없습니다. 사회주의를 건설하고 있는 우리가 혁명의 수도인 평양말을 기준으로 하여 발전시킨 우리말을 ≪표준어≫라고 하는 것보다 다른 이름으로 부르는 것이 옳습니다. ≪문화어≫란 말도 그리 좋은 것은 못 되지만 그래도 그렇게 고쳐쓰는 것이 낫습니다.

— 김일성, 「조선어의 민족적특성을 옳게 살려나갈데 대하여」, 언어학자들과 한 담화, 1966년 5월 14일.

1966년 6월의 『조선어규범집』 이후의 북한 언어정책은 주체사상을 기본으로 하는 언어정책으로 일대 전환하였다.[7] 동시에 별도의 언어 표준체계를 갖게 되었다.

별도의 언어 표준체계를 갖는다는 것은 문화적으로 온전하게 독립하였다는 것을 의미한다. 언어는 곧 독립 국가를 상징하는 기준이기 때문이다. 국가가 새로 만들어지면 국가를 상징하는 상징물을 새롭게 만든다. 국기(國旗), 국가(國歌), 국화(國花) 등을 만드는 것은 곧 새로운 국가의 상징이다. 새로운 상징물을 통해 새로운 국가의 상을 만들어가는 것이다.

언어도 그렇다. 언어는 곧 독자적인 문화를 의미한다. 역사적으로 독자적인 언어를 가졌다는 것은 곧 문화적으로도 온전한 국가였음을 의미한다. 고유한 문자를 가지고

---

7) 조오현·김용경·박동근, 『남북한 언어의 이해』, 역락, 2003, 36쪽.

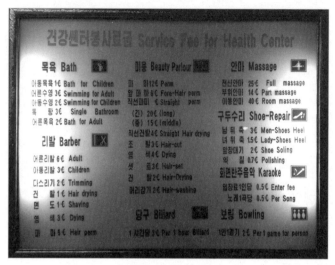

양각도 호텔 건강센터 표지판

있다는 것이 중요한 기준의 하나이다. 고대국가에서 독자적인 언어를 갖는다는 것은 문화적 독립국을 선언하는 것이다. 조선시대 훈민정음의 반포를 앞두고 새로운 문자사용에 대해 최만리를 비롯하여 학자들이 반대한 것은 사대주의를 버리는 상징이 될까 두려웠기 때문이다.

다듬은 우리말을 쓰지 않고 불필요한 외래어와 우리 식이 아닌 말을 가지고 언어생활을 하게 되면 민족어의 순결성을 지켜낼 수 없게 되며 우리 내부에 자본주의적 생활풍조를 류

우리말과 글의 중요성을 강조한 표지판

포시키려는 제국주의자들의 사상 문화적 침투도 막아낼 수
없게 된다. 또한 자라나는 후배들에게도 우리말이 아닌 외래
어나 잡탕말을 넘겨줄 수 있으며 언어규범에 맞게 글을 쓰고
말을 하는데도 적지 않은 지장을 주게 된다. 우리 말 하나,
글 하나를 쓰는 것은 단순한 실무적 문제가 아니라 민족어의
순결성을 고수하고 사회생활의 모든 분야에서 주체성과 민족
성을 살려 나가는 중요한 사업의 하나라는 것을 깊이 자각하
고 선군시대에 태여난 참신하고 혁명적인 어휘들로 문화어의
구성을 더욱 풍부히 하며 아름답고 고상한 평양 문화어를 적

극 살려 써야 한다.

— ≪로동신문≫, 2010년 1월 10일.

북한에서 새로운 언어 체계를 만들었다는 것은 한반도 전역을 하나의 국가로 보던 것에서 한반도 휴전선 이북을 영역으로 하는 실질적인 국가를 설립하겠다는 것을 의미한다. 이 시기 북한은 이때까지 통용되었던 '북조선'이라는 말 대신에 '조선'으로 통용하기 시작하였고, 국가로서 애국가, 국기로서 홍람오각별기 등의 문화적 상징체계를 완성한다.

한글창제와 관련된 이야기를 스토리로 하는 박춘명의 소설 「훈민정음」

표준어는 서울말로 문화어는 평양말로

김일성의 지시로 휴전선 이북에는 평양도 방언이었던 평양말을 중심으로 한 새로운 표준어 체계가 세워졌다. 김일성은 언어의 순수성을 강조하면서 북한은 새로운 표준어를 '문화어' 혹은 '평양문화어'라고 명명하였다.

문화어가 제정되면서 표준어와는 다른 표준체계가 세워졌다. 표준어와 문화어는 우선 자모의 차례와 이름에서 차이가 생겼다. 표준어에서 'ㄱ, ㄷ, ㅅ' 세 글자를 각각 '기역, 디귿, 시옷'이라고 읽고 'ㄲ, ㄸ, ㅃ'을 각각 '쌍기역, 쌍디

북한 공장에 걸려 있는 벽보

른, 쌍비읍'으로 읽는다. 반면 북한에서는 'ㄱ, ㄷ, ㅅ'을
'기윽, 디읃, 시읏'으로, 'ㄲ, ㄸ, ㅃ'을 '된기윽, 된디읃, 된
비읍'으로 읽는다. 북한의 자모 이름은 다음과 같다.

ㄱ(기윽) ㄴ(니은) ㄷ(디읃) ㄹ(리을) ㅁ(미음) ㅂ(비읍) ㅅ
(시읏) ㅇ(이응) ㅈ(지읒) ㅊ(치읓) ㅋ(키읔) ㅌ(티읕) ㅍ(피읖)
ㅎ(히읗) ㄲ(된기윽) ㄸ(된디읃) ㅆ(된시읏) ㅉ(된지읒)

다음과 같이 부를 수도 있다.

(그) (느) (드) (르) (므) (브) (스) (응)/(으) (즈) (츠) (크) (트)
(프) (흐) (끄) (뜨) (쁘) (쓰) (쯔)

ㅏ(아) ㅑ(야) ㅓ(어) ㅕ(여) ㅗ(오) ㅛ(요) ㅜ(우) ㅠ(유) ㅡ
(으) ㅣ(이) ㅐ(애) ㅒ(얘) ㅔ(에) ㅖ(예) ㅚ(외) ㅟ(위) ㅢ(의) ㅘ
(와) ㅝ(워) ㅙ(왜) ㅞ(웨)

자음	남한	ㄱㄲㄴㄸㄹㅁㅂㅃㅅㅆㅇㅈㅉㅊㅋㅌㅍㅎ
	북한	ㄱㄴㄷㄹㅁㅂㅅ(ㅇ)ㅈㅊㅋㅌㅍㅎㄲㄸㅃㅆㅉ(ㅇ)
모음	남한	ㅏㅐㅑㅒㅓㅔㅕㅖㅗㅘㅙㅚㅛㅜㅝㅞㅟㅠㅡㅢㅣ
	북한	ㅏㅑㅓㅕㅗㅛㅜㅠㅡㅣㅐㅒㅔㅖㅚㅟㅘㅝㅙㅞ

자모의 배열순서도 다르다. 남한에서 'ㅇ'은 초성이든
받침이든 항상 'ㅅ' 다음에 놓이지만 북한에서 'ㅇ'은 받침

일 경우에는 'ㅅ' 다음에 놓이고, 음가 없는 초성일 경우에는 'ㅉ' 다음에 놓인다. 남한 사전에 '꿩, 나비, 사랑, 아버지, 자랑, 회의' 순서가 북한 사전에서는 '나비, 사랑, 자랑, 회의, 꿩, 아버지'가 된다.[8]

이처럼 평양말을 표준으로 하는 문화어가 생기면서 표준어와 문화어의 차이가 생겼다. 표준어와 문화어의 차이를 정리하면 다음과 같다.

첫째, 문화어에서는 두음법칙을 인정하지 않는다. 한자어는 한 가지로 적는다. 위치에 상관없이 소리마다 해당 한자의 원음대로 적는 것을 원칙으로 한 것이다. 'ㄹ'과 'ㄴ'이 어두에 오더라도 '력사', '녀자', '료리사', '락원', '룡성맥주', '로동', '례외', '로인' 등과 같이 적는다. 성씨의 경우에도 '리'로 표기한다. 예외는 있다. 라팔(喇叭)은 나팔로 십월(十月)은 시월, 료기(療飢)는 요기로, 오륙월은 오뉴월로 적는다.

둘째, '원쑤', '뚝'과 같이 된소리가 많다. 화법에서는 문장을 짧게 나누어 발음을 분명하게 하면서도 억양이 있어 강한 효과를 강조한다. 특히 초두음이라고 하여 문장의 첫

---

8) 정호성, 앞의 글, 11쪽.

소리를 강하게 발음한다. 북한 아나운서의 방송을 들어보면 발음의 특성을 확인할 수 있다.

셋째, 문화어에서는 접사의 결합과 어근 합성에 의한 조어가 많으며, '-할 데 대하여'나 '-할 대신에' 등과 같은 특수구문이 많다. 주로 교시나 담화 같은 정치적인 내용의 문장이 많은 것이 원인이다.

넷째, 사이 'ㅅ'을 적지 않는다. 표준어에서는 두 말이 결합할 때 상황에 따라 사이 'ㅅ'을 표기하도록 규정한다. 사이 'ㅅ'은 두 말이 결합하여 합성어가 될 때 뒷말의 첫소리가 된소리로 변하거나 'ㄴ'소리가 덧날 경우 앞말의 받침으로 'ㅅ'을 받쳐 적는 것을 말한다. 귓가, 냇가, 바닷가, 호숫가, 고춧가루, 미숫가루, 사윗감, 아랫것, 고갯길, 뱃길, 세뱃돈, 곗돈, 볏짚 등으로 적는 것이다. 하지만 문화어에서에서는 두 말이 결합하여 합성어가 될 때 어떤 경우라도 'ㅅ'을 적지 않는다.

다섯째, 의존명사(불완전명사)의 용법이 다르다. 표준어에서는 의존명사는 띄어 쓴다. '아는 것이 힘이다', '먹을 만큼 먹어라', '그가 떠난 지가 오래다', '뜻한 바를 모르겠다' 등이다. '한 개', '차 한 대', '열 살', '연필 한 자루'와 같이 단어를 나타내는 명사도 띄어 쓴다. 다만 단음절로 된 단어가 연이어 나타날 때는 붙여 쓸 수 있다. 예를 들어

'그때 그곳', '좀더 큰 것', 이말 저말' 등이다.

하지만 문화어에서는 불완전명사는 순수어와 한자어에 따라서 쓰임이 다르다. 기본적으로 불완전명사는 앞의 말에 붙여 쓴다. 우선 순수한 불완전명사는 앞 단어에 상관없이 붙여 쓴다. '그분', '어느분', '아이탓', '해질녘', '이번 전시회', '떠난지 오래다', '모를리가 없다' 등이다.

한자어의 경우에는 붙이기도 하고 띄기도 한다. '상, 중, 간, 호, 성, 급, 용, 당, 형, 식, 적' 등이 오면 앞의 단어와 붙이고 뒤의 단어와는 띄어 쓴다. '만성 질환', '대사급 외교관계', '전국적 전력소비시래자료' 등이다. 하지만 '-형, -식, -적, -용, -급, -성'이 명사 뒤에 붙고 이어서 명사가 오는 경우에는 붙여 쓴다. 예를 들어 '수자형전자계산기', '항일유격대식사업방법', '대류성기후', '혁명적기치', '학생용책상', '북남고위급정치군사회담' 등이다. '-형, -식, -적, -용, -급, -성'이 붙은 명사가 두 개 이상 오는 경우에도 모두 붙여 쓴다. 예를 들어 '사회주의적자립적민족경제' 등으로 붙여서 쓴다.

여섯째, 고유명사는 붙여 쓴다. 표준어의 경우 띄어 쓰는 것을 원칙으로 한다. 띄어 쓰는 것을 원칙으로 하면서 단위별로 붙여 쓸 수 있도록 허용한다. 예를 들어 '대한중학교(대한중학교)', '이화여자 대학교 법과 대학(이화여자

대학교 법과대학)', '만성 골수성 백혈병(만성골수성백혈병)' 등으로 붙여 쓸 수 있다. 하지만 문화어에서는 개념덩어리를 하나로 보고 붙여 쓰는 것을 원칙으로 한다. '타도제국주의동맹', '평양제1중학교' 등이다. 고유한 단어가 길어서 띄어 써야 하는 경우에는 단어들과의 결합을 고려하여 띄어 쓰도록 하였다. 예를 들어 '주체사상연구 마다가스가르 프로레타리아운동전국위원회', '「조선민주주의인민공화국」주재 독일민주주의공화국대사관'의 식으로 표현하는 것이다.

남 한	북 한
잡곡밥	얼럭밥
아이스크림(ice cream)	얼음보숭이
장아찌	자짠지
찌 개	지 지 개
반 찬	찔 게
냉면(冷麵)	찬국수
수 제 비	뜨더국
물에만밥	무 랍
누 룽 지	가마치
감미료(甘味料)	단맛감
계 란 찜	닭알두부
어 묵	고 기 떡
양 배 추	가두배추

남북한 언어를 비교해 놓은 비교표(통일전망대에서)

북한의 대표적인 음료수인 성배단물과 룡성배사이다와 북한의 장편소설 『녀가수』
두음법칙을 사용하지 않는 문화어의 특징을 알 수 있다.

우리말	북한말	우리말	북한말	우리말	북한말
글런	마라초	쌀밥	이밥	은행원	은행지도원
렌찮다	일없다	서커스	교예	땅콩	락때
냉면	랭면	셋방살이	웃방살이	주유소	연유소
냉장고	랭동기	수중발레	수중무용	지하도	지하건늠길
누룽지	가마치	슬리퍼	끌신	찌개	남비탕
도넛	가락지빵	승용차	소형차	채소	남새
드레스	달린옷	식혜	감주	초등학교	소학교
모닥불	우등불	아파트	고층살림집	헤드폰	머리송수화기
불도저	불도젤	에어컨	랭풍기	헬리콥터	직승기
사례발표회	경험발표회	원피스	달린옷	화장실	위생실

남북한 언어를 비교해 놓은 비교표.
남북한 언어의 통일은 남북통합의 가장 큰 문제이자 상징적인 사업이 될 것이다.

북한 공장에 걸려 있는 구호전판.
북한에서는 언제 어디서나 일상적으로 정치적인 구호를 발견할 수 있다.

말다듬기 사업

문화어가 제정된 이후 문화어를 '문화적으로 다듬어진 우리 민족어의 최고형태'로 하고, 아름다운 문화어를 적극적으로 살리기 위하여 말다듬기 사업을 국가적 차원에서 주도하였다. '우리말 다듬기 사업'은 정무원 산하인 '국어사정위원회'에서 주관하였고, 사회과학원 언어연구소의 의학·약학 분과위원회, 일반 용어 분과위원회 등 18개 분과위원회에서 실제적인 작업을 진행하였다.

국어사정위원회는 말다듬기 사업의 성과를 대중적으로 알리기 위해서 ≪로동신문≫에 말다듬기 사업을 게재하였다. 1966년 7월 9일자 ≪로동신문≫에 제1회 '우리말 다듬기 지상토론'을 시작으로 1973년 10월 28일 제554회까지 2~3일 간격으로 꾸준히 '우리말 다듬기 지상토론'을 게재하였다. '우리말 다듬기 지상토론'의 주요 내용은 말다듬기 사업의 당위성과 필요성, 구체적인 용례 등이었다. 남한에서도 '국어 순화 캠페인'을 한 적이 있었다. 우리말 고운말을 쓰자는 캠페인은 뜻하지 않은 논란에 휩싸였다. 언어를 순화하자고 하면서 '캠페인'이 웬 말이냐는 항의를 받았다. 워낙 익숙한 영어다보니 외래어라는 인식이 없었던 것이었다.

북한에서 실시한 말다듬기 사업의 원칙은 한자어나 외래어를 순수한 우리말로 다듬어서 사용한다는 것이었다. 말다듬기 사업의 첫 번째 원칙은 외래어를 우리말로 고쳐서 사용한다는 것이다. 우선 대상이 된 것은 한자어였다. 우리말에는 한자어가 많은데, 한자어를 고유어로 대체한다는 것이다. 적당한 고유가 없으면 풀이하는 말을 사용한다는 것이다. '홍수' 대신 '큰물', '추수' 대신 '가을걷이', '동물화' 대신 '동물그림', '침엽수' 대신 '바늘잎나무', '활엽수' 대신 '넓은잎나무', '계절풍' 대신 '철바람', '고적운' 대신 '높은더미구름', '고층운' 대신 '높은층구름' 등으로 사용하는 것이다. 한자어로 의미가 굳어져 한자라는 인식이 없는 경우를 제외하고는 가능한 한 우리말을 새로 만들어 쓴다는 것이었다.

'말다듬기 사업'의 결과 많은 한자어들이 다듬어졌다. 말다듬기 사업을 통해 생겨난 새로운 언어들은 《로동신문》을 통해 지속적으로 홍보되었고, 생활 속에 정착되도록 교육되었다. 생활언어뿐만 아니라 지명이나 식물 이름 같은 학술용어도 어감이 좋지 않은 것은 듣기 좋은 말로 바꾸었다. '연고'를 '무른고약'으로 '한복'을 '조선옷'으로, '위약금'을 '어김돈', '적립금'을 '세운돈'으로, '각색'을 '옮겨지음'으로, '동물화'를 '짐승그림'으로, '골재'를 '속감'으

≪평양신문≫ 전면 가로쓰기를 하는 북한 신문의 특징을 보여 준다.

로, '옥상'을 '지붕마당' 등으로 고쳤다. 예외도 있었다. 우
리말로 굳어져 한자어라는 의식이 약해졌거나 한자어와
고유어의 의미가 다른 경우에는 예외로 하였다.

　한자말과 외래어를 고친다고 하여 일률적으로 고치지 말
아야 합니다. 한자말이라고 하더라도 사람들에게 확고하게
인식되고 우리 말로 완전히 굳어버린 것은 그냥두어야 합니
다. 례를 들어 ≪학교≫, ≪방≫ 같은 것은 한자말이라고 보지
않아도 좋을 것이며 따라서 그런 말들은 고치지 않아도 됩니
다. 지금 많이 쓰이는 ≪법칙≫이란 말을 놓고보아도 당장 고

처쓸 다른 신통한 말이 없습니다. 《갱도》라는 말도 마찬가지입니다. 사회과학이나 자연과학에는 이런 말들이 많은데 그 것들을 고치는 것이 문제입니다.

그리고 한자말과 고유어가 뜻이 같으면서도 뜻의 폭이 꼭 같지 않은 것들은 잘 고려하여야 합니다. 례를 들어 《지하》와 《땅속》, 《심장》과 《염통》은 뜻이 같지만 그 폭이 다르므로 한자말과 고유어를 다 그대로 두는수밖에 없습니다. 만일 《지하투쟁》이란 말을 《땅속투쟁》이라고 고치거나 《평양은 나의 심장》이란 말을 《평양은 나의 염통》이라고 고치려고 해서는 안될 것입니다. 이런 한자말까지 모조리 없애버린다면 우리의 언어생활에 큰 혼란이 일어날수 있습니다. 그러므로 고유어와 한자말이 뜻이 같다고 하더라도 구체적경우에 따라 서로 달리 처리하여야 합니다.

— 김일성, 「조선어의 민족적특성을 옳게 살려나갈데 대하여」,언어학자들과 한 담화, 1966년 5월 14일.

한자라는 개념이 없어진 단어들까지 구태여 찾아 고치는 것은 오히려 더 큰 혼란을 초래할 수 있다고 보았다. 한자라는 의식이 약하고, 뜻이 같아도 쓰임이 다른 것까지 바꾸지는 말라는 것이다.

말다듬기 사업의 두 번째 원칙은 외래어를 가능한 한

인민대학습당의 외국어 강의실 안내판. 북한에서도 외국어는 중요시 한다

고유어로 대체하는 것이다. '스킨'을 '살결물'로 고치는 식
이다. 외래어는 우리말로 고쳐 사용하도록 하였다. 남한에
서도 비슷한 언어정책이 있었다. 박정희 정권 시절 민족문
화 유산을 강조하면서 외래어 사용을 금지한 적이 있었다.
축구경기를 보면서 '골키퍼', '사이드라인', '코너킥' 대신
'문지기', '옆줄', '모서리차기' 등으로 중계하기도 하였다.
팝송도 우리말로 불러야 했고, '바니걸스' 대신 '토끼자
매', '런웨이' 대신 '활주로', '휘버스' 대신 '열기들' 하는
식으로 보컬 이름도 바꿔야 했다.

인민대학습당 외국어 강의실에서 외국어에 열중인 북한 주민들

우리말을 쓰는 것은 언어 발전에 긍정적이고 바람직하
다. 하지만 현실적으로는 불가능하다. 언어는 의미를 다수
가 공유해야 한다. 매번 새로운 언어를 만들어 내고, 그것
이 생활 속에 정착하여 통용될 수는 없다.

많은 외래어를 그때그때 새로운 언어로 표기하고 이를
일반화한다는 것은 사회주의에서나 가능하다. 중국을 여
행하다보면 낯선 한자를 접하게 된다. 외래어를 한자로 표
기하는 것이다. 예를 들어 그룹은 '集團'으로, 센터는 '中
心'으로, 컴퓨터는 '電腦'하는 식이다. 의미를 생각하면 적

인민성의 원칙이 적용된 ≪로동신문≫과 『조선예술』

절한 조어 같다. 하지만 이러한 조어는 일정 정도만 가능하다. 생활용어까지 의미를 중심으로 새로운 어휘를 만들 수는 없다. 대신 음차를 활용한다. '가라오케'를 비슷한 발음이 나도록 하는 것이다. '卡拉OK', 모카커피를 '摩卡咖啡'로 하듯이 음가를 따라서 표기하는 식이다.

우리나라에서도 순우리말 컴퓨터 용어를 만들어 보급한 적이 있었다. 컴퓨터를 순우리말인 '슬기틀', 마우스를 '다람쥐' 하는 식으로 우리말을 만들었다. 하지만 그렇게 순수한 말을 사용한다고 해결되는 것은 아니었다. 컴퓨터 사양이 높아지면서 컴퓨터 중에서도 286컴퓨터, 386컴퓨

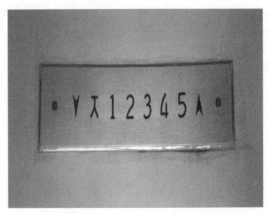
북한의 엘리베이터. 지하층을 'ㅈ'로 표시한다

터, 펜티엄컴퓨터를 구분해야 할 필요성이 생겼다. 또 볼
마우스, 트랙마우스, 광마우스, 무선마우스 등을 구분해야
했다. 매번 새로운 어휘를 만들어 내는 것은 불가능하다.
폐쇄된 사회가 아니라면 이런 정책을 쓸 수 없다.

북한에서도 최근 국제공용어의 사용을 확대하고 있다.
외래어를 사용하게 되는 경우에는 그 나라 발음대로 적는
것을 원칙으로 하였다. 예를 들어서 '北京'을 '북경'이라 하
지 않고, '베이징'이라고 표기하는 식이다. 북한의 경우에
는 외국어 발음은 러시아식으로 한다. '트렉터' 대신 '뜨락
또르'라고 한다. '러시아'를 '로씨야'로 '루마니아'를 '로므
니아'로, '마다가스카르'를 '마다가스까르'로, '멕시코'를

어린이용 컴퓨터 교재. 외래어 표기를 알 수 있다.

'메히꼬'로, '모나코'를 '모나꼬'로 표기한다.

　말다듬기 사업에도 예외가 있었다. 정치용어였다. 한자
어이든 영어이든 정치용어는 예외로 하였다. 정치용어는
사상교육에 활용하기 위해 한자어라 할지라도 우리말로
다듬지 않았다. 정치용어에서 한자사용을 예외로 한 것은
의미전달이나 활용성 때문이었다. 가령 '선군정치', '결사
옹위' 같은 용어를 풀어서 쓸 경우에는 의미는 쉽게 전달
되겠지만 구호로 사용하기에는 부적절한 말이 된다.

화장실을 위생실로 표시한 안내 간판

김일성종합대학 교내에 있는 '말씀비'. 언어의 정치성을 알 수 있다.

한글로 써진 동명왕릉 개건기념비

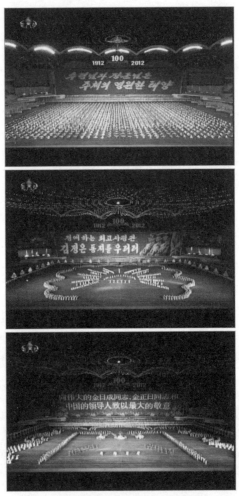

언어와 정치의 연결을 보여 주는
대집단체조와예술공연 <아리랑>(2012)

통속적 문풍과 글쓰기

인민들이 이해하기 좋은 문장이란 '일체의 한문투가 배제되고 짧은 글'
이다. 언어에 있어서도 '뜻이 모호하거나 발음이 까다로운 말', '군더더
기가 많으면서도 복잡하고 긴 문장', '외래어에 의한 단어 조성 등 대중
이 이해하기 힘든 어휘'를 사용하는 것은 올바른 글쓰기 대표가 아니
라고 본다.

김정일은 1977년 12월 12일 조선로동당 중앙위원회 조직지도부, 선전선동부 책임일군들과 한 담화, 「글을 알기 쉽게 통속적으로 쓰는 기풍을 세워야 한다」를 통해 누구나 쉽게 이해할 수 있는 글쓰기를 강조하였다.

> 글을 알기 쉽게 통속적으로 쓰는 기풍을 세워야 합니다. 우리나라에서 글은 착취사회에서처럼 극소수의 착취자들과 중산층에 복무하는 것이 아니라 인민대중에게 복무합니다. 우리나라에서는 글이 글을 위한 글, 지식인들만 보고 리해할 수 있는 글이 되어서는 안 되며 반드시 인민대중이 보고 쉽게 리해할 수 있는 글이 되어야 합니다. 우리가 100만의 인테리 대군을 양성하여 놓았지만 온 사회를 인테리화하자면 일정한 시일이 걸려야 합니다. 우리 당원들과 근로자들의 일반지식 수준에서도 아직 차이가 적지 않습니다. 그러므로 우리는 글을 전문가들이나 지식수준이 높은 사람들만 볼 수 있게 쓰지 말고 누구나 다 보고 쉽게 리해할 수 있게 써야 합니다.
>
> ─김정일, 「글을 알기 쉽게 통속적으로 쓰는 기풍을 세워야 한다」, 1977년 12월 12일.

인민대중들이 쉽게 이해할 수 있도록 글을 써야 한다는 것이다. 쉽게 이해할 수 있는 글을 써야 하는 이유는 앞서 이야기하였듯이 언어의 사회적 기능 때문이다. 출판보도물이 선전, 선동을 위한 수단으로 활용되기 위해서는 글이 쉬워야 했다. 북한에서는 모든 출판보도물이 대중을 중심으로 한 사상 교양의 목적하에서 만들어진다. 예외가 없다. 출판보도물이 사회 혁명을 위해 활용되기 위해서는 대

고려박물관에 전시된 목긴도기병.
유적이나 유물에 대한 명명에서도 우리말 표기를 원칙으로 한다.

중들이 이해할 수 있어야 한다. 대중이 이해하지 못하는 글은 소용이 없다.

모든 글은 당의 정책을 정확하게 반영하면서도 인민들이 쉽게 이해할 수 있는 글이어야 한다. 인민들이 이해하기 위해서는 문장과 어투가 인민의 눈높이에 맞아야 한다.

인민들이 이해하기 좋은 문장이란 '일체의 한문투가 배제되고 짧은 글'이다. 언어에 있어서도 '뜻이 모호하거나 발음이 까다로운 말', '군더더기가 많으면서도 복잡하고 긴 문장', '외래어에 의한 단어 조성 등 대중이 이해하기 힘든 어휘'를 사용하는 것은 올바른 글쓰기 태도가 아니라고 본다.

북한의 신문이나 출판보도물을 비롯한 모든 표현 매체는 인민의 교양사업을 위해 존재한다. 신문이나 출판물은 인민 교양에 필요한 내용으로 짧고 재미있게 써야 한다. 그래서 인민들이 쉽게 알아볼 수 있어야 한다. 《로동신문》을 비롯한 북한의 신문에서는 일찍부터 가로쓰기에 순 한 글쓰기를 실시한 것도 인민들을 교양하여 혁명에 나서도록 하는 정책의 하나였다.

고려성균관 유적지 설명판

세계여자마라톤 우승자인 정성옥에게 보낸
김정일 국방위원장의 친필사인을 소개한 《로동신문》

북한 언어교육의 현실과 현장

김두봉은 초기 북한의 언어정책을 주도하였다. 하지만 김두봉이 '8월 종파 사건'에 연루되어 숙청된 이후에는 북한의 언어정책도 주체사상 중심의 언어정책으로 전환되었다.

북한 언어교육의 중심 기관은 김일성종합대학이다. 김일성종합대학은 1946년 개교한 북한 최초이자 최고의 종합대학이다. 김일성종합대학은 1946년 5월 25일 '북조선 임시 인민위원회'의 결정에 의해 창립 준비 위원회가 조직되었고, 짧은 준비 과정을 거쳐 1946년 10월에 개교하였다. 개교 당시는 7개 학부 24개 학과로 사회과학 분야의 2개 학부, 이공계열의 5개 학부였다.[9]

김일성종합대학 본관

---

9) 『김일성종합대학10년사』, 김일성종합대학, 1956, 18~19쪽 참조.

김일성종합대학 본관 건물. 6·25 직후의 김일성종합대학(교육성혁명사적관 사진)

김일성종합대학교 개교 당시에 언어학은 별도의 학과로 독립되지는 않았다. 언어는 문학과에서 수업하였다. 문학과의 모집인원은 100명이었는데, 사학과 50명, 교육학과 50명의 2배였다. 개교 당시 전체 24개 학과의 정원을 비교해 보면 문학과는 경제학과(100명)와 함께 학생이 가장 많았다.

김일성종합대학의 초대 총장은 김두봉이었다. 김두봉은 정치가로서 최고인민회의 상임위원회 위원장을 지낸 인물이다. 김두봉은 한글학자 주시경 선생의 제자로, 1916년『조선말본』의 집필에 참여하기도 한 언어학자이기도 하였다. 김두봉은 초기 북한의 언어정책을 주도하였다. 하지만 김두봉이 '8월 종파 사건'에 연루되어 숙청된 이후에는 북한의 언어정책도 주체사상 중심의 언어정책으로 전환되었다.

우리 말을 발전시키기 위한 우리 당의 정책은 정확한 것입니다. 한때 김두봉은 우리 글자를 고치자고 하였습니다. 그때 우리 당은 김두봉이 내놓은 문자개혁론을 단호히 반대하였습니다.

언어문제는 민족문제와 관련되는 매우 중요한 문제입니다. 나라가 남북으로 분열된 조건에서 글자를 고치는 것은 민족을 영원히 분열시키는 행동으로 됩니다. 우리가 지금 글자를 고치면 남조선인민들과 편지거래도 할 수 없고 남조선출판물도 읽을수 없게 될 것입니다. 남북이 서로 다른 언어를 쓰면 자연히 민족도 두개로 분열될수밖에 없습니다. 나라가 분열되여있는 지금 문자개혁을 하면 그 것은 결국 우리 민족을 영원히 갈라놓으려는 미제를 돕는 것으로 됩니다. 우리가 김두봉의 문자개혁론을 반대하는 첫째리유가 여기에 있습니다.

지금 글자를 고치면 우리나라의 과학문화의 발전에도 지장이 있습니다. 우리 글에 부족점이 좀 있다 하더라도 그 것을 가지고 얼마든지 과학과 문화를 발전시킬수 있는데 공연히 글자를 고쳐서 사람들을 한꺼번에 다 문맹자로 만들 필요가 어디 있겠습니까. 우리는 인민들이 다 아는 글을 가지고 빨리 과학과 문화를 발전시켜야 합니다. 지금 문자를 고치면 아마도 우리나라 과학문화의 발전이 몇십년은 뒤떨어지게 될 것입니다. 이 것이 우리가 김두봉의 문자개혁론을 반대한 또 하나의 중요한 리유입니다.

우리가 김두봉의 문자개혁론을 반대한 것은 전적으로 정당하였습니다. 문자개혁은 앞으로 조국이 통일되고 우리나라의 과학과 문화가 높은 수준에 올라간 다음에 하여도 늦지 않습니다.

— 김일성, 「올해사업방향에 대하여」, 조선로동당 중앙위원회 부장전원회
  의에서 한 연설, 1964년 1월 16일.

김일성종합대학 개교 초기 '조선어 교육'은 '조선 역사', '조선 문학', '조선 지리' 등의 과목과 함께 일제에 의해 말살되었던 민족문화 회복을 위한 종합대학의 주요 과목으로 인식되었다.[10] 이후 김일성종합대학이 확대되는 과정에서 조선어학과가 독립되었다.

---

10) 앞의 책, 29쪽. "대학에서는 또한 일제 36년간의 식민지 통치 기간에 억압받고 유린된 조선관계 과목들이 중요한 자리를 차지하게 되었다. 조선 력사, 조선 어학, 조선 문학, 조선 지리등 제 과목이 주요 과목으로 되었다."

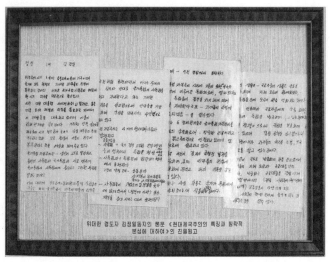

위대한 령도자 김정일동지의 론문 《현대제국주의의 특징과 침략적 본성에 대하여》의 친필원고

교육성혁명사적관에 전시중인 김일성종합대학 시절 김정일의 레포트

1946년 개교당시 문학부는 사학과(50명), 문학과(100명), 교육학과(50명)가 있었다. 이후 문학부가 확대되면서 학부가 세분화되었다. 문학부의 력사학과, 문학과, 교육학과가 각각 력사학부, 조선어문학부, 교육학부로 독립되었고, 지리학부와 외국어문학부가 별도의 학부로 추가되면서 5개 학부로 확대되었다. 조선어문학부는 조선어학과, 조선문학과, 신문학과의 세 개 학과로 구성되었다. 학부편제와는 별도로 '조선어학'과 '조선문학' 두 강좌의 관련 강좌도 개설되었다.[11] 1949년에 이르러서는 10개 학부에 24개 학과

김일성종합대학 복도에 걸려 있는 말씀판

로 확대되었다.

　그런데 당시 김일성종합대학에서는 학과 강좌가 개설
되었지만 강의에 사용할 교재는 없었다. 전문적인 연구가
이루어지기 어려운 환경이었는데, 조선 관계 과목 이외의
과목들은 일찍부터 소련 대학의 교수 요강과 교과서들을
번역하는 사업을 통해 교과운영의 틀을 잡을 수 있었다.
그 결과 1947년 초부터 1948년까지 약 40종의 교과서가

---

11) 앞의 책, 42쪽 참조.

번역되었고, 60여 종 학과목의 교수 요강이 번역되었다. 하지만 조선어 과목은 그럴 수 없었다. 1950년이 되어 비로소 조선어, 조선문학, 조선사 등의 조선 관계 교과목이 교육성의 승인을 받을 수 있었다.

열악한 환경 속에서도 언어학자들의 노력으로 국어연구 성과가 축적되었다. 점차 독자적인 연구 기틀도 잡혀가기 시작했다. 이 시기 김수경의 『조선어 문법』(초·중용) 1, 2권과 『현대 조선어 연구 서설』, 정열모의 『조선어 문법』(인민학교용) 등의 성과가 있었다.

'6·25'가 끝나고 대학 복구사업이 진행되었다. 김일성종합대학도 복구사업을 마치고 새로운 체제를 갖추어 나갔다. 정전 직후 35개이던 강좌 수는 1955년에는 57개의 강좌로 확대되었다. 어문학부에서는 조선어문과 관련한 강좌가 개설되었다. 조선문학 강좌, 조선어학 강좌, 일반 조선어 강좌, 일반 언어학 강좌, 한문 강좌, 신문학 강좌 등 6개 강좌가 개설되었다.

언어학에서는 조선어학 강좌와 일반 조선어 강좌, 일반 언어학 강좌가 별도로 개설되었다. 언어학에 대한 별도의 강좌가 개설되었다는 것은 일제 강점기의 민족문화 복구 차원에서 조선관련 학과로서 강조해 오던 조선어 연구가 체계를 갖추고서 언어학이 학문적 차원의 연구로서 구축

만경대학생소년궁전에서 한글 서예를 배우고 있는 북한 학생

되고 있음을 의미한다.

한편 북한의 언어학 교육은 언어학 일반 이론체계와 조선어학으로 구분한다. 언어학 일반 이론체계는 '언어학 일반', '언어이론', '응용언어학', '음성학', '방언학', '사전학', '수사학', '문화언어학', '번역학'으로 분류한다. 조선어학은 '조선어 일반', '조선어 이론', '조선어사', '계통론', '어휘론', '음운론', '문장론', '문체론', '의미론', '형태론', '품사론', '문법론', '화용론' 등으로 분류한다.

평양정보센터에서 개발한 북한의 문서편집 프로그램 '창덕'

북한의 한문교육

"옛날 노래는 다 한시로 되어 있기 때문에 지금 청년들은 부르기도 힘들고 알수도 없습니다. 그런 것을 그대로 이어받을 필요는 없습니다. 우리는 응당 한시로 된 가사들을 쉬운 말로 고쳐 현대화하여야 합니다."

— 김일성, 「혁명적 문학예술을 창작할데 대하여」, 문학예술부문 일군 앞에서 한 연설, 1964년 11월 7일.

한문에 대한 인식

북한에서 한문학의 비중은 매우 낮다. 북한은 1949년 초등의무교육 제도를 실시하면서 한자 사용을 전면적으로 폐지하고 한글전용을 실시하였다. 한글전용의 원칙에 따라 모든 교과서와 공문서 등의 발간물에서 한자 사용이 일체 금지되었다. 1949년 이후 숫자를 제외한 한글전용으로 발간되던 ≪로동신문≫도 1956년 4월 16일 한글전용, 전면 가로쓰기를 실시하였다.

인민을 대상으로 한 언어정책은 순우리말 사용을 강조한다. 하지만 학문적 연구의 필요에 의해 한문 역시 무시할 수 없었다. 주체성을 강조하였지만 우리식 문화, 민족문화에 대한 발굴이 필요하였던 것이다.

전후 시기 종합 대학 과학 연구 사업에서 주되는 관심의 대상으로 된 다른 한 부분은 조선 인민의 혁명적 전통을 과학적으로 밝히며 우리 민족의 우수한 과학 문화 유산을 발굴하여 비판적으로 계승 발전시키며 우리 자체의 것을 더욱 심오하게 연구함에 지향된 일련의 주제들이었다.

— 『김일성종합대학10년사』(김일성종합대학, 1956), 139쪽.

북한의 서예작품. 한문서예는 거의 볼 수 없다.

　전통문화에 대한 비판적 계승을 위해서 한문학자의 양
성은 필연적인 요구였다. 한문학이나 민족문화에 대한 연
구 없이는 문화적 독자성이나 주체성을 주장할 수 없기
때문이었다. 김일성은 1958년 4월 30일 김일성 종합대학
교원, 학생들과 한 담화 「력사 유적과 유물을 잘 보존할데
대하여」를 통해 전통문화 수용의 원칙과 방향을 제시하였다.

　「력사 유적과 유물을 잘 보존할데 대하여」에서 김일성
은 '역사유적을 복구하는 사업은 반드시 복구에 필요한
과학적 자료들을 충분히 조사 연구한 기초 위에서 하여야
합니다. 유적이 없던 곳에다 무엇을 새로 만들어 놓아도
안 되며 본래 있던 유적을 아무렇게나 되는대로 복구하여

서도 안 됩니다'고 하였다. 과학적 근거와 논리를 갖고 민족문화를 발굴하라는 것이었다. 민족문화의 사업을 위해서는 한문해독력을 갖춘 전문 인력이 필요했다.

북한의 한문교과서는 한자의 생성원리, 소리와 뜻 익히기, 부수글자 익히기, 같은 한자가 사용된 단어 만들기, 한글을 한자로 옮기기, 한자 읽기, 한자 쓰기 등을 중심으로 본문, 해석, 연습으로 구성되어 있다. 구성상으로 보면 우리의 교과서와 비슷하지만 내용은 다르다. 북한의 한문교육은 실용성에 초점을 맞추고 있다. 한문교육은 한문으로 이루어진 경전이나 한시, 소설 같은 한문에 대한 교육이 아니라, 생활에 필요한 한자를 익히고 생활에 응용하는 것이다.

≪우리 말을 옳게 다듬어 쓰고자 하여도 한문을 알아야 하며 우리나라의 력사를 연구하자고 하여도 한문을 알아야 합니다. 한문공부를 잘하는것은 남조선혁명과 조국통일을 위하여서도 절실히 필요합니다.≫ 학생들이 한문을 배우는것은 우리말을 적극 발전시키고 민족문화유산을 시대의 요구에 맞게 계승발전시키며 조국통일과 남조선혁명 그리고 그 주변 나라들과의 사업을 강화하는데 더 잘 이바지할수 있게 준비시키는데 있다.

— 「머리말」, 『한문 중학교』 1(교육도서출판사, 2002).

140

한문교육의 이러한 목표의식은 김일성이 언어학자들과 한 담화「조선어를 발전시키기 위한 몇가지 문제」에서도 분명하게 드러난다. 이 담화에서 김일성은 혁명을 위한 사업으로서 한자의 필요성에 대해서 다음과 같이 명시하였다.

다음으로 한자문제에 대하여 말하겠습니다. 한자를 계속 써야 하겠습니까 쓰지 말아야 하겠습니까? 한자를 쓸 필요는 없습니다. 한자를 만들어낸 중국사람자신도 배우기 힘들고 쓰기 불편하여 앞으로는 버리자고 하는데 무엇때문에 우리가 그 것을 쓰겠습니까?

한자는 하나의 다른 나라 글로서 일정한 시기까지만 써야 합니다.

한자문제는 반드시 우리나라의 통일문제와 관련시켜 생각하여야 합니다. 우리나라의 통일이 언제 될지 누구도 찍어서 말할 수는 없으나 어쨌든 미국놈이 망하고 우리나라가 통일될 것은 틀림없습니다. 그런데 지금 남조선사람들이 우리 글자와 함께 한자를 계속 쓰고있는 이상 우리가 한자를 완전히 버릴수는 없습니다. 만일 우리가 지금 한자를 완전히 버리게 되면 우리는 남조선에서 나오는 신문도 잡지도 읽을수 없게 될 것입니다. 그러니 일정한 기간 우리는 한자를 배워야하며 그 것을 써야 합니다. 물론 그렇다고 하여 우리 신문에 한자를 쓰자는 것은 아닙니다. 우리의 모든 출판물은 우리 글로 써야 합니다.

— 김일성, 「조선어를 발전시키기 위한 몇가지 문제」, 언어학자들과 한 담화, 1964년 1월 3일.

배움의 중요성을 강조한 서예(인민대학습당에서)

우리의 국립중앙도서관에 해당하는 북한의 인민대학습당에서
공부하고 있는 북한 주민들

한문교육 내용

북한에서 한문교육은 일상생활에 필요한 한자를 익히는 수준이다. 정책적으로는 한자어 대신 우리말 사용을 원칙으로 하면서, 현실적인 필요를 명분으로 최소한의 한문교육만 실시하기 때문이다. 중학교(우리의 중학교)에서부터 배우기 시작하여 대학교까지 한자를 배우는데, 중학교까지는 기본 2,000자, 대학교에서는 기본한자에 1,000자를 추가하여 배운다.

중학교에서의 한문교육은 1학년과 2학년에서 각각 주당 2시간, 3학년부터 6학년까지는 주당 1시간의 교육이 이루어진다. 참고로 북한에서는 혁명역사나 혁명활동에 대한 수업이 가장 많을 것으로 생각된다. 하지만 그렇지 않다. 북한의 중학교에서 가장 많은 시간을 차지하는 과목은 국어, 영어, 수학이다. 수학이 38시간으로 가장 많다. 다음으로 국어, 문학, 한문 시간을 합하면 31시간(각 14시간, 9시간, 8시간)이다. 외국어가 19시간으로 세 번째로 많다. 이어서 물리(17시간), 화학과 생물(12시간)이다.

그리고 어문학의 비중이 높다. 국어교과서에도 국한문이 많이 나온다. 대학에서의 한문교육은 김일성종합대학이나 사범대학의 어문학부와 역사학부 1~2학년에서 이루어지는 한문 강의가 있다.

북한 한문교육은 교육의 초점을 실용성에 맞추고 있다. 한시를 배우거나 사서삼경과 같은 경전이나 문집을 배우는 것이 아니라 동서남북(東西南北)이나 상중하(上中下) 같이 생활에서 일상적으로 사용하는 한자를 중심으로 배운다.

한문이기보다는 한자교육이라고 할 수 있다. 혁명사상을 익히고, 생활에 필요한 최소한의 한자 지식을 습득하는 데 중점을 둔다. 실용성을 우선하는 것은 북한 교육의 기본적이고 일반적인 특징이다. 생물의 경우 생물 자체의 특성을 배우는 것도 있지만 먹을 수 있는 식물이 어떤 것인지를 배운다. 북한의 아동영화는 주로 이런 식의 내용이다. '쌍떡잎식물이냐? 외떡잎식물이냐?'는 것보다는 먹을 수 있는 식물이냐, 먹을 수 없는 식물이냐를 배우는 식이다.

초급과정의 한문교과서는 한자 생성원리, 소리와 뜻, 부수글자, 한자를 응용한 단어 만들기, 한글을 한자로 옮기기, 한자 읽기, 한자 쓰기 등을 중심으로 본문, 해석, 연습으로 구성되어 있다. 한문교과서 구성은 남한과 비슷하지만 내용에서는 차이가 크다. 한문교과서의 내용은 혁명적인 교양에 맞추어져 있다. 혁명과 관련된 내용을 국한문 혼용을 통해 읽는 형식으로 구성되어 있다.

偉大한 領導者 金正日元帥님께서는 다음과 같이 말씀하시였다.

≪고기배들을 現代化, 萬能化하고 科學的인 어로 方法을 널리 받아 들여 물고기를 많이잡도록 하여야 하겠습니다.≫

우리나라는 세면이 바다를 끼고 있는 海洋國이다.

이 바다속에는 無盡藏한 水産資源이 있다. 그러므로 이 水産資源을 積極 開發하여 利用하는것은 우리 人民들의 福利를 增進시켜 生活을 向上시키는데서 重要한 意義를 가진다.

— 『한문 - 고등중학교 4학년』(교육도서출판사, 주체 91), 17쪽.

한문교과서의 본문이 끝나면 새로 나온 '글자 익힘'으로 이어진다. 한자 익힘은 연습과정으로 앞서 배운 한자의 의미와 독음, 한자의 구성 원리를 응용한 읽기와 쓰기로 구성되어 있다.

바위에 새겨진 '志遠'. 김형직이 강조하였다는 말로 북한의 주요 유적지에서 볼 수 있다.
2000년 이후 서예붐이 일어나면서 서예를 장려하기 위하여 '지원상'을 신설하였다.

한문교과서

한자의 생성원리에 대한 설명은 중학교 1학년 한문교과서 첫 부분에 나와 있다. 한문교과서 첫 부분은 글자의 구성 원리에 대한 기초편이다. 기초 편은 한자의 생성원리를 이해할 수 있도록 한자가 되는 과정, 전서(篆書)에 대한 설명, 한자 쓰는 순서에 대한 내용이다.

중학교 1학년 한문교과서 구성은 다음과 같다. 먼저 한자교육의 필요성에 대해 언급한 김일성의 머리말이 나온다. '충성의 구호'가 나오고 입문에 해당하는 한자 원리에 대한 설명과 기초가 나온다. 본문 1과는 '한자의 점과 획'으로 한자의 생성원리나 문법에 대한 내용과 생활 한자를 중심으로 한 기초적인 한자가 나온다. 기초 한자로는 요일, 즉 월(月)요일부터 일(日)요일까지, 초보적인 수준의 한자인 사람(人) 등의 기초한자를 배운다.

이런 식으로 생활에 필요한 기본적인 한자를 22과까지 배운다. 생활한자를 익힌 다음에는 한자의 생성원리인 회의, 형성과 같은 문법을 배운다. 이어서 방위(方位)나 수학, 물리용어, 혁명일화에서 사용하는 한자어를 배운다. 중학교 1학년에 처음 한자의 구성 원리에 대한 내용이 나온 이후에는 한문에 대한 내용은 나오지 않는다.

중학교 1학년 한문교과서가 기초 편이라면 2학년부터는 본격적으로 혁명과 관련한 한자로 구성되어 있다. 한문교과서에서 제일 먼저 배우는 한자는 '김일성(金日成)'이다. '金日成'을 한자로 쓰는 것으로부터 시작하여, 제1과 '金日成장군의 노래'이며, 제2과는 '金日成원수님의 어린시절 이야기'이고, 제3과는 김일성의 아버지인 김형직의 이야기에 대한 이야기를 담은 '봉화산'이다. 이를 시작으로 난이도의 차이는 있지만 6학년까지 국한문혼용으로 혁명활동이나 과학에 대한 이야기를 한자와 한글을 섞어서 배운다.

偉大한 首領 金日成大元帥님께서는 다음과 같이 敎示하시였다. ≪南北聯邦制를 實施하는 경우 聯邦國歌의 國號는 우리나라의 版圖우에 存在하였던 統一國家로서 世界에 너리 알려 진 고려라는 이름을 살려 고려聯邦共和國이라고 하는것이 좋을 것입니다≫

— 『한문 - 고등중학교 4학년』(교육도서출판사, 주체 91), 41쪽.

最近 電子工業의 急速한 發展과 함께 集積回路와 그것을 利用한 새로운 컴퓨터들이 開發되면서 科學과 技術에서는 想像하기 어려운 問題들이 이모저모에서 解決되고 있다.

— 『한문 - 고등중학교 4학년』(교육도서출판사, 주체 91), 48쪽.

偉大한 領導者 金正日元帥님께서는 오늘뿐아니라 來日의 먼 앞날까지도 내다보는 千里혜안의 科學的인 洞察力과 豫見性을 지니시고 朝鮮革命과 世界革命을 勝利에로 이끄시고 계신다.

—『한문 - 고등중학교 6학년』(교육도서출판사, 주체 91), 16쪽.

혁명역사나 혁명활동과 관련한 문장말고 고전을 인용한 경우도 있다. '고등중학교 6학년 한문' 교과서에 『北學議』나 왕조실록의 간단한 문장이 실려 있다. 반면에 널리 알려진 한시나 사서삼경의 문장이나 고사성어 같은 고전 원전에 대한 인용은 없다.

學問之道는 無他라 有不識이면 執塗之人而問之가 可也라 僮僕이라도 多識我一字면 姑學女라. (《北學議》에서)

—『한문 - 고등중학교 6학년』(교육도서출판사, 주체 91), 27쪽.

金樽美酒는 千人血이요
玉盤佳肴는 萬姓膏라
燭淚落時에 民淚落이요
歌聲高處에 怨聲高라

(고전소설 ≪春香傳≫에서)

—『한문 - 고등중학교 6학년』(교육도서출판사, 주체 91), 35쪽.

150

개성 박연폭포 앞의 한시.
전설에 의하면 황진이가 머리를 풀어서 썼다고 전해진다.

한문교과서에서는 본문과 글자 익힘에 이어 '련습'이
있는데, 국한문혼용의 글 읽기, 한자 의미를 구분하기, 한
자 단어 익히기 등으로 구성되어 있다.

다음 글을 읽으시오.

○ 불요불굴의 반일혁명투사 김형직선생님께서는 주체
14(1925)년 겨울 일제경찰에 체포되시였다가 탈출하여 가둑
령이라는 곳에 사는 金氏의 도움을 받아 다시 팔도구로 돌아
오시였다.

○ 항일혁명선렬들은 조국의 광복을 위하여 一身의 안일을

바라지 않고 온갖 心血을 다 기울이였다. 그들의 고귀한 생애는 조국청사에 永久히 빛날것이다.

—『한문 - 중학교 1학년』(교육도서출판사, 주체 91), 44쪽.

1. 다음 문장을 읽으시오.

偉大한 首領 金日成大元帥님께서는 다음과 같이 敎示하시였다.

≪보천보戰鬪가 가지는 가장 重要한 意義는 朝鮮이 다 죽었다고 생각하던 우리 人民들에게 朝鮮이 죽지 않고 살아 있다는 것을 보여주었을뿐 아니라 싸우면 반드시 民族的獨立과 解放을 이룩할수 있다는 信心을 안겨 준데 있다.≫

주체 26(1937)年 6月 4日 밤,

偉大한 首領님께서 指揮하신 朝鮮人民革命軍部隊는 國內進攻作戰을 爲하여 곤장덕12)을 내리였다.

偉大한 首領님께서는 거리 初入에 있는 황철나무아래에 指

---

12) 곤장덕(棍杖德)은 백두산에 있는 지명이다. 30리의 길목으로 오르는 길이 너무 험하여 '곤장덕'을 오르느니 차라리 곤장을 맞고 기절하는 것이 편하다고 해서 붙여졌다고 한다. 북한에서는 보천보전투가 벌어진 곳으로 알려져 있다. 보천보전투와 관련한 작품에서 "우리는 지체없이 곤장덕에 올랐다. 곤장덕은 울창한 수림으로 덮혀있는 평평한 야산이었다" 등의 구절을 볼 수 있다.

揮處를 定하시였다.

정각 밤 10時

偉大한 首領님께서는 권총을 높이 쳐드시고 방아쇠를 당기
시였다.

3. 다음 단어를 한자로 쓰시오.

폭격, 황량, 기교, 미소, 기성리론, 연료, 표사광물, 갱도, 매
장, 잠재력, 충복, 도료, 도탄, 고모, 예술체조, 보물, 사적지

　　—『한문 - 고등중학교 6학년』(교육도서출판사, 주체 91), 30~31쪽.

북한의 한문교과서에서 확인할 수 있듯이 북한의 한문
교육은 철저하게 실용성에 맞추어져 있다. 한문을 통하여
선인의 생활을 이해하고 삶의 지혜를 배우기보다는 혁명
투쟁이나 정치생활과 관련한 한자를 익히는 과정이다. 북
한의 '국어' 교과서도 국한문혼용으로 되어 있는데, 내용
은 역시 혁명에 대한 것이다.

중기사수가 되겠다고 中隊長을 못 살게 졸라댔다는 전사, 중
기사수가 된지 한달도 못되여 連隊에서 있은 중기관총분해결
합경기에서 단연 1등을 차지한 전사, 이런 戰士가 살을 에이는
듯한 추위에도 자기의 毛布를 重機에 덮어주고있지 않는가!

　북한의 한문교과서에는 선인들의 우수한 한문 작품도
인용되는 경우는 없다. 북한에서 한문 고전은 철저하게 현
대적 관점에서 평가되고 해석된다.

　옛날노래는 대체로 다 한시로 되여있기때문에 지금 청년
들은 부르기도 힘들고 알수도 없습니다. 그런 것을 그대로 이
어받을 필요는 없습니다. 우리는 응당 한시로 된 가사들을 쉬
운 말로 고쳐 현대화하여야 합니다. 옛날 것을 아무리 잘 모
방하여도 그 것을 대중이 좋아하지 않는다면 아무 소용없습
니다. 우리는 옛날 것을 그대로 모방하는데 힘쓸 것이 아니라
오랜 세기를 두고 우리 인민이 창조한 귀중한 재산을 우리

광명성찬가. 김정일의 생일에 김일성이 직접 지어주었다는 시이다.
한글과 한문으로 되어 있다. 거의 유일하게 북한에서 볼 수 있는 한자로 지어진 시비(詩碑)다.

시대 사람들의 감정에 맞게 개조하고 발전시키는데 정력을
기울여야 합니다.

　　― 김일성, 「혁명적문학예술을 창작할데 대하여」, 문학예술부문일군들앞

　　에서 한 연설, 1964년 11월 7일.

민족어를 지키기 위한 노력

언어는 남북 문화공동체 형성의 가장 기본적인 요소이다. 남북의 언어
는 정치·제도 차이에 의해 발생한 문화적 이질감과 함께 같은 언어를
사용하고 있다는 동질감 사이에 있다. 이는 문화적 동질성을 회복하는
데 중요한 동력이 될 수도 있고, 언어 차이로 인한 문화적 이질감을
증폭시킬 수 있는 부정적인 요인이 될 수도 있다는 것을 의미한다.

1998년 출범한 '국민의 정부' 이후 남북 화해 무드가 조성되면서 다양한 분야의 남북교류가 추진되었다. 2000년 이후 국어학 분야에서도 의미 있는 교류가 이루어졌다. 국어학 분야의 교류는 크게 세 가지 분야로 정리할 수 있다.

첫째, 남북한의 공동편찬사업이다. 대표적인 사업으로 평화문제연구소가 북한 과학백과사전출판사와 공동으로 진행한 『조선향토대백과사전』 편찬사업, 『겨레말큰사전』 남북공동편찬사업이 있다. 특히 『겨레말큰사전』 남북공동편찬사업은 그동안 표준어와 문화어로 갈라져 있던 언어체계를 정리하고 담아내는 방대한 사업으로 국어학 분야의 교류 차원을 넘어 국학 분야의 협력 기틀을 마련하였다는 의미가 있다.

『겨레말큰사전』은 남한의 『표준국어대사전』과 북한의 『조선말대사전』에 있는 어휘 가운데, 수록가치가 있는 것을 합의하여 싣고, 각 지역의 방언이나 문학작품 속 어휘, 민속 어휘 등을 총망라하여 수록할 예정이다. 『겨레말큰사전』 남북공동편찬사업이 의미를 갖는 것은 사전을 편찬하는 과정에서 광복 이후 남북에서 변화된 어휘들을 정리하는 문제, 사전 수록 배열 문제 등의 남북 언어학 문제뿐만 아니라 중국 조선족과 러시아 고려인들의 고려어도 수

용함으로써 범세계 속의 한국어 표준을 마련하는 사업이기 때문이다.13)

둘째, 북한의 국어학 연구 성과의 도입이다. 2001년 박이정 출판사는 '조선어학전서' 시리즈로 북한 국어학 원전 65권을 출판하였다. 저작권 계약을 통해서 북한에서 이루어진 언어학 분야의 성과를 집대성한 성과를 남한에서 출판한 것이다.

'조선어학전서' 시리즈의 필자들은 조선사회과학원 언어학연구소 소속의 대표적인 언어학자들이다. '조선어학전서' 시리즈의 남한 출판은 당시로서는 최대 규모로 이루어진 북한 학술원전의 출판이었다. 북한에서도 출판되지 않은 전문 학술도서를 남한에서 출판하였다는 점에서, '조선어학전서' 시리즈의 남한 출판은 남북 사회문화 교류에도 의미가 크다고 할 수 있다.14)

---

13) "〈통일초대석〉 겨레말큰사전 홍윤표 남측 편찬위원장", 『연합뉴스』, 2006년 8월 6일.

14) 당시 출판계약은 2001년 5월과 6월에 북한 사회과학원 언어학연구소 (소장 문영호)로부터 이들 원고에 대한 출판권한을 위임받은 중국의 한 사회과학원과 국내 출판을 위한 동의서와 합의서에 서명함으로써 성사되었다. "북한 국어학 원전 65권 남한서 출간", 『중앙일보』, 2001년 10월 30일.

남북의 언어가 같다는 것을 의미하는 대집단체조와예술공연 <아리랑>의 한 장면.

셋째, 국어정보학 분야를 중심으로 한 학술교류이다. 정보학 분야를 중심으로 외래어 표기 체계나 자판 배열 같이 남북이 단일 언어를 사용하면서 부딪치는 문제들을 남북과 중국을 중심으로 한 학자들이 학술대회를 진행하였다. 국어학 분야의 교류사업은 민족어의 상징으로서 언어문제에 접근한 사업이다. 체제와 이념을 초월하여 언어학분야의 교류의 필요성에 대해서는 남북이 공감하였기에 가능한 사업이었다.

남북은 서로 다른 언어철학 체계 속에서 광복 이후 나름대로의 어문규정을 만들고 어문정책을 실시하여 왔다.

하지만 남북은 민족어의 중요성에 대해서 공감하고 있다. 우리말의 순수성을 지켜 나가는 것이 통일의 바탕이 된다는 인식에도 동의하고 있다. 시간이 갈수록 커지는 남북의 언어 통일을 위한 노력에 공감하고 있다.

언어문제는 한민족의 문화와 직결되는 문제로 남북의 문제일 뿐만 아니라 해외 코리언의 문화정체성과 관련된 문제로 통일을 위한 준비 과정이라는 공감대가 형성되어 있다. 언어문제를 포함하여 문화재나 전통문화 분야는 남북을 넘어 한민족이 공유한 민족의 자산이다. 이런 점에서 남북의 언어협력사업은 특별한 의미를 갖는다. 민족고유의 자산은 후대에게 물려주어야 할 자산이라는 관점에서 추진되어야 한다. 국어학 분야의 남북교류는 무엇보다 언어의 일반성과 국어학의 전문성을 고려한 접근이 필요하다. 언어의 문제는 생활 속의 중요한 부분이기도 하지만 전문화된 부분과 국가적 차원의 기준을 맞추어 가는 사업을 구분하여야 한다.

생활언어 차원의 접근이란 일상생활과 관련된 언어의 이질감을 해소해 나가는 것이 필요하다. 발생하는 언어의 이질감을 해소하기 위한 차원의 접근이어야 한다. 또한 통일 기반으로 남북과 해외동포의 언어 정체성을 고려한 접근이어야 한다. 언어는 문화정체성을 이르는 핵심으로서

저작권 협의를 통해 남한에서 출판된 북한 소설들

한국어의 범위가 한반도를 넘어 세계로 확대되고 있다. 한국의 국제적인 위상이 달라지면서 한국어와 한국학을 배우려는 경향은 지속적으로 추진될 것이다. 특히 한류의 바람을 탄 동남아 지역으로의 위성방송 확대는 한국어의 영향력을 높여 나가야 한다.

한국어의 위상 강화는 남북은 물론 해외동포 사회에도 영향을 미치고 있다. 특히 조선어를 표준어로 사용하는 중국 조선족 사회는 언어체계에도 영향을 받고 있다. 언어분야의 교류는 남북과 함께 중국 조선족과의 적극적인 협력을 통해 표준을 만들어 나가는 것이 필요하다.

언어는 남북 문화공동체 형성의 가장 기본적인 요소이다. 남북의 언어는 정치제도 차이에 의해 발생한 문화적 이질감과 함께 같은 언어를 사용하고 있다는 동질감 사이에 있다. 이는 문화적 동질성을 회복하는 데 중요한 동력이 될 수도 있고, 언어 차이로 인한 문화적 이질감을 증폭시킬 수 있는 부정적인 요인이 될 수도 있다는 것을 의미한다.

국어학 분야의 남북교류는 궁극적으로 남북이 하나의 표준화된 문법체계와 언어체계를 수립하는 데 있다. 이를 위해서는 무엇보다 통일언어에 대한 분명한 철학이 있어야 한다. 광복이 된 이후 남북이 서로 다른 언어철학에 기대어 어문정책이 수립되고 국어교육이 통제되었으며, 국어연구 또한 방향이 달랐다. 남북이 정치적으로는 체제가 다르다고 하더라도 언어문화적으로 동질성은 추구해 나갈 수 있다.15)

남북의 언어공동체를 이루기 위해서는 민족적 차원의 협력과 단계적인 전략이 필요하다. 남북의 언어교류는 국

---

15) 남북의 언어철학과 통일언어철학에 대한 탐색에 대해서는 고영근, 「통일언어철학의 탐색방향」, 『어문학』 91, 한국어문학회, 2006 참조.

어학의 전문성이 고려되어야 한다. 국어학 분야의 교류는 남북의 언어적 통일이 실천 가능한 분야부터 시작하여 남북의 언어적 이질화를 해소해 나가야 한다.

일상 생활언어의 통합과정과 함께 학술 분야로 교류를 확대해야 한다. 고문헌 번역사업이나 전문 분야의 언어표준사업이 지속적으로 추진되어야 한다. 동시에 남북의 언어적 우수성을 해외에 적극적으로 알리고 한국학의 진흥을 위한 기반으로서 한국어교육사업도 함께 추진해 나가야 한다.

민족문화를 바탕으로 출판된 북한의 출판물

언어 통일을 위한
과제와 사업 제안

남북이 역사적으로, 문화적으로 공유한 자산들을 온전하게 지키는 일
은 후세에 물려줄 자산을 지키는 일이다.

남북은 통일한국의 언어 소통을 위한 준비가 필요하다. 언어공동체를 유지해야 하는 것이다. 무엇보다 민족의 문화, 민족의 언어라는 인식을 갖고 남북의 지속적이고 안정적인 교류 채널을 확보하는 것이 필요하다. 모든 분야가 그렇듯이 지속적이고 끊임없는 교류를 통해 공동체를 형성해야 한다.

남북의 언어 규범과 관련하여 남북의 언어학자들이 모여서
회의 중인 겨레말큰사전 남북공동편찬위원회 회의 장면

남북의 언어교류는 독립적인 분과를 구성하여 전문가들이 참여하는 것이 바람직하다. 언어를 비롯하여 국학 분야의 교류를 전담할 수 있는 기구를 통해서 전문성과 안

정성을 확보해야 한다. 국어학을 포함하여 문화재 발굴보존, 전통 민속의 발굴과 보존은 일반 남북문화교류 영역이 아닌 남북이 공유한 민족문화의 보존과 관련된 영역이다.

남북이 역사적으로, 문화적으로 공유한 자산들을 온전하게 지키는 일은 후세에 물려줄 민족문화 자산을 지키는 일이다. 전문화된 전담기구가 필요하다. 남북의 언어교류는 궁극적으로 '통일맞춤법' 체제를 수립하기 위한 학술적인 과정이다. 남북 언어의 현실을 고려하여 분야별로 세분하여 전문성을 높이는 것이 필요하다. 이를 위해서는 남북 언어에 대한 학술연구 기반 역시 확대되어야 한다. 국어학 분야의 발전은 남북한의 언어에 대한 학문적 관심과 연구가 기반이 되어야 한다. 언어 연구에 대한 토대사업을 통해 학술연구의 기초를 마련해 나가야 한다.

남북의 언어 차이는 상호적인 이해를 필요로 한다. 통일교육 차원에서 북한의 언어 환경과 언어생활에 대한 이해의 폭을 넓혀 나가는 것이 필요하다. 특히 통일교육의 교과과정 내에 남북의 언어 차이를 이해할 수 있는 프로그램을 개발하는 것이 필요하다. 이를 위해서는 남북의 언어공동체를 위해서는 구체적인 사업이 추진되어야 한다. 이는 언어를 통해 남북한 주민의 정서적 공감대를 확산하는 통일운동과는 차원이 다른 문제이다. 언어에 대한 전문적인 지식을 기반으로 통일한국의 언어정책에 대한 구체적이고 세분화된 연구가 필요하다.

첫 번째로 남북 전문용어 통합 사업 및 전문용어 사전 편찬이 필요하다. 전문용어는 특정한 집단에서 정밀하게 규정된 과학적인 개념과 학술적인 내용을 담고 있는 특수 어휘다. 어휘의 쓰임이 학술 분야에 제한되어 있어 전문 분야에서는 해당 분야의 전문용어를 가지고 있다.

국립국어연구원의 『표준국어대사전』에는 48개 분야의 전문용어가 분류되어 있으며, 북한의 『조영사전』(외국문출판사, 1991)에는 103개 분야로 구분되어 있다. 이러한 각 분야의 전문용어 사전을 분야 가운데서 실천 가능하고 협력 가능한 분야별로 남북한 공동으로 전문용어 통일 작업을 통해 용어사전을 제작할 수 있다.

정보통신, 의학 분야 등 과학기술 분야의 전문용어는 새로 만들어지는 단어가 많다. 그만큼 이들 언어에 대한 표기와 용어 사례들을 남북한이 공동으로 만들어 나갈 수 있다. 전문 분야의 언어 표준화 작업에 앞서 남한 내에도 혼용되고 있는 전문용어를 체계화할 필요가 있다. 이와 같이 기술적 표준이 필요한 분야는 사상이나 이념 등과 관계없이 지속적인 교류가 진행될 수 있는 여지가 높다는 점도 장점이다.[16)

나아가 남북한의 전문용어의 통일안을 만들어 가는 과정으로서 해당 분야의 교류 출발점이 될 수 있다는 점에서도 장점이다. 즉, 이러한 작업을 통해 관련 분야의 전문가들이 참여하에 진행될 것이며, 분야별 교류도 활성화 될 수 있으며, 다양한 파생적인 교류도 추진할 수 있다. 또한 전문용어는 전문용어로 제한되는 것이 아니라 사전의 표제어로 수록된다는 점에서 전문용어 사전 편찬사업은 '통일사전' 편찬을 위한 기초연구이기도 하다. 전문용어 사전의 공동 편찬은 처음부터 전문용어 사전을 기획하고 추진해 나갈 수도 있지만 개성공단 입주 관련 기업들을 위한 '경제용어사전', 남북 공동 지하자원 개발 협력을 위한 '광업용어사전', 과학기술 분야의 교류를 위한 '정보통신용어사전' 등과 같이 단계별로 남북의 접촉이 많은 분야를 중

---

16) 전문 분야와 관련한 용어사전은 남한에서도 여러 기관에서 다양하게 나와 있어 정리된 표준안이 필요하다. 컴퓨터 관련 사전만 하여도 『컴퓨터용어대사전』(컴퓨터용어대사전편찬위원회, 2000), 『컴퓨터정보용어대사전』(전산용어편집위원회, 2000), 『컴퓨터 정보 용어 대사전』(컴퓨터정보과학용어연구회, 1997), 『표준전자공학용어사전』(대한전자공학회, 1997), 『21세기 컴퓨터 용어사전』(김현숙·컴퓨터컴퓨터용어대사전편찬위원회, 1999), 『전자통신용어해설집』(한국전자진흥회, 1997), 『정보통신용어사전』(한국전자진흥협회, 1997), 『ISO2382기준(한영조일)정보기술표준용어사전』(한국어정보학회·중국조선어신식학회·조선교육성프로그람교육센터, 2001) 등이 있다. 이에 대해서는 김광수, 『남북한 전문용어 비교연구』, 역락, 2004 참조.

심으로 관련 분야 용어 용례(用例)집 편찬의 단계를 거쳐
전문용어 사전 편찬으로 이어질 수도 있다.

두 번째는 고문헌을 비롯한 민족문화 자산에 대한 공동
번역사업이 있다. 남북은 민족문화를 공유하면서도 가치
관의 차이에 의해 문화적 인식의 차이를 보이고 있다. 남
북의 공동 문화유산 현대화를 위한 번역사업을 통하여 국
어학 분야의 폭을 넓힐 수 있다. 북한에 있는 고문헌 자료

과학기술을 상징하는 CNC.
김정은의 대표적인 업적으로 선전하는 수치제어기술을 뜻한다.

를 발굴하고 번역사업을 공동으로 추진하는 사업은 남북이 이념적 거부감 없이 받아들일 수 있는 부분이다. 남북 공유의 문화자산에는 민속학, 문화재 분야 등이 포함된다. 언어교류에서는 민족공동의 문화자산에 대한 용어 표준화 사업을 추진할 수 있다.

세 번째는 고조선, 고구려, 발해 등의 고대국가 언어에 대한 공동연구사업이 있다. 지리적으로 북한에는 고조선과 고구려, 발해의 유적지가 많이 남아 있다. 이들 국가의 언어와 관련한 공동연구사업을 추진하는 작업은 언어학 차원을 넘어 민족역사를 바로 잡는 작업이며, 중국의 문화 동북공정에 대응하여 문화적 정체성을 확립하는 사업으로 의미가 있다.

네 번째는 한글 서체 개발과 자판배열 통일사업이 있다. 한국의 국제적 위상이 높아지면서 한국어와 한글에 대한 관심이 높아졌다. 한글 패션이 유행처럼 뜨고 있기도 하다. 이러한 추세를 몰아 코리아의 문화강국 이미지를 높이고, 통일한국의 긍정적인 이미지를 만들어 나가야 한다. 남북이 공동으로 다양한 한글 서체를 개발하는 것은 남북이 공동으로 추진할 수 있는 사업이다. 또한 남북의 자판배열 체제를 하나로 통일하는 사업도 남북 당국 간에 추진할 수 있는 사업의 하나이다.

다섯 번째, 외국어와 한글의 번역프로그램 개발사업이 있다. 북한은 상대적으로 러시아어를 비롯하여 중동국가나 아프리카 등의 국가와 활발하게 교류를 진행하였다. 북한의 번역 프로그램 중에서는 상당한 수준에 올라 있는 것도 있다. 정보화 시대를 대비하여 러시아어를 비롯하여 아랍어 등의 번역 프로그램을 개발할 수 있다.

여섯 번째로 외국의 주요 작품이나 남북의 대표 작가에 대한 번역사업이다. 남북의 대표적인 작가나 작품을 선별하여 공동으로 번역사업을 추진할 수 있다. 단편소설이나 아동문학을 비롯하여 남북의 우수 문학작품이나 영화작품을 남북이 공동으로 소개하고 번역사업을 추진할 수 있다. 남북의 작가와 학자들이 모여서 우수 작품을 선정하고, 세계적인 작품을 선정하여 공동으로 번역하는 것이다. 이 과정에서 외래어 표기에 대한 논의도 활발해질 것이고, 어휘도 풍부해질 것이다. 통일을 위한 기반과 함께 한민족의 문화적 자산도 확대될 것이다.

겨레말큰사전남북공동편찬위원회 회의를 위해 한 자리에 모인 남북의 언어학자들